나는 매주 시체를 보러 간다

나는 매주 시체를 보러 간다

서울대학교 최고의 '죽음' 강의

서가명강 01

유성호 지음

서울대학교 의과대학
법의학교실 교수

21세기북스

사회과학

社會科學, **Social Science**

경영학, 심리학, 법학,
정치학, 외교학, 경제학

인문학

人文學, **Humanities**

철학, 역사학, 종교학,
문학, 고고학, 미학, 언어학

예술

藝術, **Arts**

음악, 미술, 무용

의학

醫學, **Medicine**

자연과학

自然科學, **Natural Science**

과학, 수학, 화학, 물리학,
생물학, 천문학, 공학, 의학

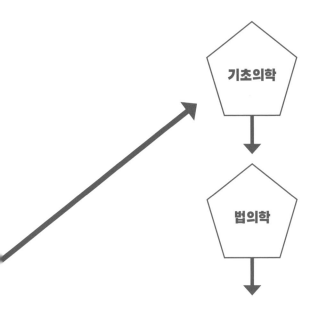

법의학이란?

法醫學, Forensic Medicine

인간의 죽음과 관련된 다양한 문제를 과학적으로 분석하고 그들의
인과관계를 밝혀냄으로써 법 운영과 인권 옹호에 이바지하는 학문이다.
법의학은 입법, 사법, 행정에 모두 적용되며 그중 사법의 형사상 문제에
가장 많이 활용된다. 변사자에 대한 검안, 부검 등을 통해 살인이나 상해에
대한 강력한 증거를 제공해 범인 색출, 죄의 유무 판정, 형량의 정도 등을
결정하는 데에 응용된다. 법의학은 법 운영에 결정적인 자료를 제출하는
학문이므로 전문적인 지식과 숙련된 경험이 필수적이다.

이 책을 읽기 전에 주요 키워드

검시(檢屍, postmortem examination)

경찰이나 검찰이 수사의 목적으로 변사체 및 현장을 조사하는 것을 검시(檢視)라 하고, 검시에 입회하거나 감정(鑑定)을 의뢰받아 의사가 사망을 확인하고, 시체에 대해 조사하는 것을 검시(檢屍)라고 한다. 검시에는 검안과 부검이 있다.

검안(檢案, postmortem inspection)

시체를 훼손하지 않고 의학적으로 검사하는 일이다. 검안 의사는 검시에 입회하거나 또는 입회하지 않은 경우라도 검안의 목적과 시체의 상황에 대한 정보를 이해하고, 자세한 외표 검사로 얻은 정보를 이용해 사망의 원인, 손상의 정도, 질병의 유무, 중독의 여부를 결정한다. 가능하다면 사망의 기전과 사망의 종류를 판단하도록 해야 한다.

부검(剖檢, autopsy, necropsy)

시체를 해부해 검사로 사인 등을 알아내려는 것이다. 부검 과정에서 시체가 훼손되며 법적 규제를 받는다. 부검은 목적에 따라 계통부검, 병리부검, 행정부검, 사법부검으로 나뉜다.

해부(解剖, dissection)

시체를 절개해 관찰하고 장기나 조직을 적출하거나 채취하는 행위 자체를 의미한다. 일본의 영향으로 해부와 부검을 혼용하는 경향이 있다.

안락사

'편안한 죽음'을 의미한다. 가치중립적인 단어로 용도에 따라 자발적 안락사, 조력사망, 연명의료 중단 등 다양한 형태로 쓰인다.

존엄사

사전적 의미는 인간이 최소한의 품위와 가치를 지키면서 죽을 수 있게 하는 행위다. 그러나 현실에서는 불치, 난치의 환자가 품위 있게 죽기를 바랄 경우 치명적 의약품을 제공해 환자 스스로 고통 없이 사망에 이르게 하는 자살 원조 행위, 또는 식물인간 상태와 같이 환자에게 의식이 없고 생명이 단지 인공 심폐기로 연장되고 있는 경우 품위 있는 죽음을 위해 생명 연장 장치를 중단하는 행위 등으로 해석한다. 즉 중의적 맥락이 있는 용어다.

가사(假死)

외견상으로 호흡과 맥박이 멈춰 죽은 것 같아 보이지만, 실제로는 살아날 가능성이 있는 상태다.

뇌사

뇌의 기능이 완전히 정지해 회복 불가능한 상태를 의미한다. 여기서 뇌의 기능이란 사고와 판단을 주관하는 대뇌피질과 맥박, 호흡 등 기본적인 생명 활동을 주관하는 뇌간의 기능을 포함한다.

식물인간

인간에게는 운동, 감각, 정신 작용의 동물성 기능과 소화 흡수, 호흡, 배설, 혈액순환의 식물성 기능이 있다. 이중 동물성 기능이 정지되고 식물성 기능만 가능한 상태의 환자를 식물인간이라고 한다. 인공호흡기를 쓰지 않으면 살 수 없는 뇌사와는 구분된다.

줄기세포

크게 배아 줄기세포와 성체 줄기세포로 나뉜다. 배아 줄기세포는 여러 종류의 신체 조직으로 분화할 수 있어 활용 범위가 넓지만, 생명의 씨앗인 배아를 사용한다는 점에서 윤리적인 문제를 가지고 있다. 성체 줄기세포는 특정 조직으로만 분화할 수 있어 제한적이지만, 윤리 논쟁에서 자유로운 편이다.

차례

1부 죽어야 만날 수 있는 남자

2부 우리는 왜 죽는가

3부 죽음을 공부해야 하는 이유

"우리 모두 죽음을 비켜갈 순 없습니다.
그게 바로 우리가 죽음을 마주보아야
하는 이유죠."

삶의 품격을 높이는 '죽음' 공부

어렸을 적 책을 무척이나 좋아했다. 소설, 수필은 물론이고 인문, 사회, 과학의 전문 서적까지 닥치는 대로 읽었다. 그러면서도 직접 책을 쓴다는 것은 상상조차 못 했다. 저명한 작가들은 밤하늘에 떠 있는 아스라한 별과 같은, 나와는 전혀 다른 세상에서 사는 사람들이었고 나는 그들의 지식과 상상력을 엿보는 것만으로 충분히 만족하는 평범한 독자에 불과했다. 조금은 시시한 책을 읽을 때에도 무라카미 하루키가 그랬던 것처럼 '이 정도 책이면 나도 쓰겠다'라는 생각은 단 한 번도 하지 못했다.

이런 내가 책을 쓰게 된 까닭은 우연한 계기로 서울대학교 관악캠퍼스에서 '죽음의 과학적 이해'라는 다소 별나 보이는 교양 강의를 맡게 된 인연 때문이다.

2012년 가을, 현재 서울대학교병원 진료부원장이신 김연수 교수님께서는 서울대학교 의과대학 교육부학장으로 계셨던 당시 관악캠퍼스에서의 교양 강의 개설을 제안하셨다. 당시까지는 생각하지 못했던 일이라 많은 고민을 했지만 문득 학부 때 법의학을 처음 배웠던 기억이 떠올랐다. 그전까지는 환자를 어떻게 살려야 하는지에 대해 배우다가 죽은 환자가 자신의 죽음을 직접 말하고 있다는 것에 대해 처음으로 배우며 희열을 느꼈다.

법의학의 전문 지식을 가르치기보다는 그동안 부검, 자문 및 연구를 해오면서 죽음에 관해 느끼고 깨달았던 많은 이야기를 학생들과 나누고자 서울대학교 기초교양원에 강좌 개설 신청서를 제출했다. 그런데 당시 기초교양원에서는 한참 어린 학생들에게 죽음에 대한 강의가 악영향을 미칠 우려가 있다며 그에 관한 질의를 보내왔다.

그때 나는 이렇게 답했다.

"죽음이라는 것은 우리가 피할 수 없는 생의 마지막 단계이자 자연스러운 섭리입니다. 죽음을 배움으로써 삶에 대한 소중함을 느끼고 주변을 돌이켜볼 수 있는 교양인으로서의 품격을 가질 수 있다고 확신합니다."

그렇게 기초교양원에서는 강좌 개설 신청을 허가했고, 2013학년도 1학기에 정원 60명 강의로 수강 신청을 받았다. 그리고 수강 신청 이틀 만에 이미 정원이 초과되어 내 이메일로까지 추가적인 신청을 원하는 학생들의 문의가 쇄도했다.

죽음에 대한 학생들의 관심을 반신반의하던 나에게는 매우 놀라운 결과였다. 물론 강의 첫날 절반 정도의 학생은 당시 한창 유행했던 〈CSI〉 같은 범죄 드라마를 더 잘 이해하고자 수강 신청을 했다는 사실도 알게 되었다. 하지만 동기야 어쨌건 죽음에 대한 뜨거운 관심 속에서 열의를 갖고 강의를 진행할 수 있었다.

실제 '죽음의 과학적 이해' 강의에서는 일부 학생들이 관심 있어 하는 범죄를 포함해 죽음의 사회적 현상과 함께 죽음을 유발하는 손상이나 질병, 죽음 후의 신체 변화에 대한 설명에 많은 부분을 할애한다. 그렇지만 여기에 더해 죽음의 역사적 맥락 및 인식의 변화, 현재 사회 병리학적 현상으로 여겨지는 자살 등의 문제도 다룬다. 이외에도 현재 그리고 다가올 미래에 문제가 될 수 있는 의료 분쟁, 보험

사고 등 죽음과 관련한 다양한 이슈를 이야기한다. 그렇게 첫 학기 강의에 정성을 들인 만큼 학생들의 평가는 매우 좋았고 현재 '죽음의 과학적 이해' 강의는 학생들의 요청으로 정원 210명의 대형 강의로 발전했다.

그리하여 이번에는 주변의 요청과 권유를 받아들여 더 많은 사람들과 죽음에 관한 고민을 함께해보고자 용기를 내게 되었다. '나는 매주 시체를 보러 간다'는 독자들에게 매우 생경하여 어쩌면 사이코패스 같은 사람이 쓴 글이 아닐까 오해를 부르는 제목일 수도 있다. 실제로 나는 매주, 특히 월요일에는 서울대학교 의과대학에 시체를 보기 위해 출근한다. 서울에서는 서울대학교, 고려대학교, 가톨릭대학교 의과대학 법의학교실에서 국립과학수사연구원과 협약을 맺고 각 지역의 변사에 대한 부검을 실시하고 있기 때문이다.

나는 법의학자로서 매주 사망 원인이 밝혀지지 않은 시체를 꼼꼼히 검사한다. 따라서 시체를 보면서 의사로서 과학적으로 시체를 분석하고 사망 원인과 사망의 종류를 판단하는 것이 중요하다. 동시에 한 명의 인간으로서 사망한 사람들에 대한 끊임없는 연민과 공감뿐만 아니라 죽음과 관련된 사회 시스템에 대한 고민을 하게 되는 경우가 많다.

이 책에서는 내가 실제로 하는 일, 사회에서 죽음을 어떻게 바라보는지, 그리고 어떤 죽음이 좋은 죽음일지 지난 16년간 법의학자로서 고민한 내용을 전달하려고 했다. 그렇지만 앞서 언급하였듯이 이 책의 시작점이 우리 대학 학생들의 교양수업에서 시작한 만큼 교양으로서 누구나 쉽게 다가설 정도로 어렵지 않게 쓰려고 했다. 책 제목은 섬뜩할지 모르지만 내용은 누구보다도 따뜻한 마음으로 기술했다는 점을 독자들이 알아차려 주었으면 좋겠다.

죽음은 참으로 말하기 어려운 주제다. 많은 사람들이 죽음학thanatology에 대해 설파할 때 죽음에 대한 원인, 조건, 이론 또는 사후 세계를 말한다. 그러나 이 책에서는 전통적인 죽음학보다 내 직업인 법의학자의 관점에서 죽음을 이야기해보려고 노력했다.

죽음은 우리 인생의 마지막 과정이다. 그러나 우리는 평소 죽음이라는 주제에 대해 생각하려 하지 않고, 될 수 있으면 언급 또한 피하려고 한다. 더욱이 현대사회는 의도적이든 아니든 죽음을 우리 삶과 철저하게 분리한 채 우리에게 죽음의 민낯을 보여주지 않는다. 그렇기 때문에 우리는 죽음을 생각해본 적도 없게 되고, 삶을 그저 닥치는 대로 살면서 일시적인 위안과 위로에 현혹되기 쉽다.

그렇지만 인생은 죽음이라는 끝이 있기 때문에 비로소 의미를 가진다. 죽음이 있기에 삶의 목적을 향해 힘겹더라도 걸을 수 있는 것이라고 생각한다. 죽음을 생각해보지 않고 피하려고만 한다면 우리는 우리 생을 어떻게 마무리할지 고민할 수 없다.

그러면 막상 죽음이 닥쳤을 때 우리는 비참함과 슬픔에 사로잡혀 아름다운 마무리를 할 기회를 상실하게 된다. 또한 다른 사람의 죽음에 대해서도 감정의 둔마純麻를 겪게 되고 더 나아가서 무관심하게 될지 모른다.

법의학자는 매일 죽음을 마주하는 직업이다. 법의학자는 왜 그리고 어떻게 죽었는지를 늘 고민한다. 그러한 과정에서 죽음의 사회적 맥락을 고려하지 않을 수 없고, 죽음의 형태에도 각 국가마다 그리고 한 국가 내에서도 지역마다 차이가 있음을 알게 된다.

지금까지 법의학을 연구하면서 죽음에 관해 느꼈던 많은 이야기들을 누군가에게 들려주고 싶었다. 이 책을 통해 독자들에게 왜 우리가 죽음에 대해 생각하고 고민해야 하는지를 이야기하고 싶다.

혹자는 죽음을 두려워할 필요가 없다고 하지만 어찌 두렵지 않겠는가. 그럼에도 이 책을 읽는 독자들께서는 책을 통해 자신과 주변의 죽음에 대해 다시 한 번 생각해보고 이를 토대로 죽음에 대한 두려움을 떨쳐낼 수 있기를 바란다. 그리고 더 나아가 삶을 어떻게 살아가고 마무리할지에 대한 큰 계획 또한 세울 수 있기를 기대해본다.

2019년 1월

유성호

1부 _____

죽어야

만날 수 있는

남자

아이러니하게도 죽어야 만날 수 있는 남자, 매주 시체와 마주하는 법의학자에게도 죽음은 언제나 낯설다. 법의학자에게 죽음이란 무엇이며, 어떤 의미를 지닐까? 법의학자와 함께 새로운 삶의 지침, 죽음을 궁구해보자.

법의학자 가방엔
누군가의 일생이 있다

죽음의 기록이 담고 있는 것들

죽음, 세상에 이보다 무겁고 힘들고 어려운 주제가 있을까? 그러나 이것은 모두의 삶에서 결코 누구도 비켜갈 수 없는 인생 일대사 문제이기에 한 번쯤은 그것을 정면으로 마주보는 일이 필요하지 않을까 싶다. 그 이야기를 이제 시작해보기로 한다.

정확하게는 죽음을 통한 삶의 이야기라고 할 수 있다. 우리가 결코 알 수 없는 어둡고 모호한 죽음이 아닌, 우리의 일상을 함께하는 죽음 그 자체를 냉정하게 바라보는 과정을 통해 그로부터 우리의 '오늘'이 갖는 의미를 새롭게 찾아보고자 하는 것이다.

죽음이라는 화두를 꺼내든 나는 의사이자 과학자, ‘부검’을 하는 법의학자다. 부검이란 죽은 자의 정확한 사망 원인과 사망 종류인 사인死因을 밝히기 위해 실시하는 사후 검진, 즉 해부하는 것을 뜻한다. 물론 나는 부검 이외에도 죽음과 관련된 여러 가지 사항에 대해서 연구를 하고, 때로는 자문을 의뢰받는다.

예컨대 살인 사건에서부터 시작해 하나의 죽음을 두고 그것이 과연 질병으로 인한 것인지 아니면 상해로 인한 것인지 등의 여러 가지 질문들을 받는다. 그리고 그럴 때마다 나는 그 사람 인생의 압축판이라고 할 수 있는 여러 가지 기록들을 보게 된다. 사망자를 대상으로 한 경찰의 수사 기록, 가족에 의한 진술과 그가 지금까지 겪어왔던 병원 진료 차트 등의 기록들을 말하는 것이다.

오늘도 지금 내 가방 안에는 두 사람의 죽음 기록이 들어 있다. 그리고 나는 그 기록을 통해 그 사람이 지나온 삶을 더듬어본다. 혹자는 이를 두고 죽음 기록이 어떻게 한 사람의 온전한 인생을 드러낼 수 있겠느냐고 말하겠지만, 얇은 죽음 기록이라 할지라도 적어도 내게는 거의 책 한 권 분량의 무게로 느껴진다. 그 사람의 삶이 어떻게 진행되었고 어떻게 종결되었는지에 대해서 여러 가지 생각을 하게 되는 것이다.

직업이 법의학자이다 보니, 죽음을 바라볼 때 보통 사람들과는 달리 사뭇 담담하게 과학적으로 그것을 직시하는 시선을 가지고 있다고 생각한다. 그럼에도 매번 한 사람 한 사람 각자의 죽음을 마주할 때마다 늘 다르게 가슴속을 울리는 다양한 감정들을 느끼고는 한다.

개중에는 처참한 개인적 불행을 감지하게 하는 죽음도 있고, 한편으로는 우리 사회의 비극적 양상을 반영하는 죽음, 이것은 분명 개인적 비극을 넘어선 사회적 비극이 아닐까 하는 의심을 갖게 하는 죽음도 있다. 이러한 여러 가지 색채의 다양한 죽음을 통해서 우리가 사는 이 세상의 진짜 맨얼굴, 우리 삶의 민낯을 한번 제대로 같이 마주해보는 시간을 가져보자는 것이 이제부터의 내 이야기의 취지라 하겠다.

법의학자로서 끊임없이, 수많은 사례들을 통해 고민할 수밖에 없었던 삶과 죽음에 대한 학문적 바탕은 물론이고 그 과정에서 나름대로 축적한 아름답고 행복한 삶과 죽음에 대한 이야기를 나누고자 하는 것이다.

누가 왜 죽었는가

나는 법의학자로서 월요일마다 검시檢屍를 한다. 지금보다 젊었을 때에는 일주일에 두 번 그리고 일요일에도 부검을 했으나 힘이 부치기 시작하면서 일주일에 한 번 검시를 하게 되었다.

검시란 시체에 대한 조사 행위를 총괄해서 이르는 말인데, 검시는 다시 검안檢案과 부검剖檢으로 나뉜다. 검안은 그야말로 시체를 눈으로 확인하는 것이다. 하지만 단순히 눈으로 확인해서는 사망 원인이나 사망 종류를 알 수 없는 경우가 대부분이다. 그래서 부검이 필요한데, 부검은 해부를 통해 종합적으로 사인을 규명하는 작업을 말한다.

이러한 검시에서 가장 우선적인 일은 시신의 신원 확인이다. 일상에서 신원을 확인하는 것은 시각을 통한 대뇌의 정보 처리를 통해 이루어진다. 대중매체에서 접하는 흥미로운 질병 중에 하나인 얼굴인식불능증은 선천적인 질병을 제외하고는 대뇌 가장 바깥의 아래쪽에 있는 방추이랑, 즉 방추상회紡錘狀回가 질병이나 외상에 의해 후천적으로 손상되어 발생하는 것으로, 타인뿐 아니라 자신의 얼굴조차 인식하거나 구별하지도 못한다.

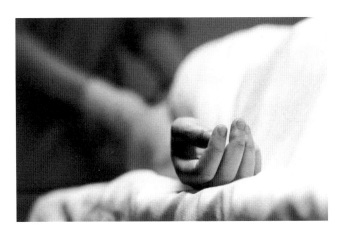

부검을 통해 사망의 원인이나 사망의 종류를 규명한다.

그러나 법의학의 영역에서 신원 확인이란 이처럼 시각의 확인보다는 지문, 치아 및 유전자를 통한 객관적인 절차를 통해 이루어진다. 법의학 하면 미스터리한 사건을 추적하며 관련 인물들을 밝혀내는 일이라고 생각하기 쉽지만 그것은 한쪽 면만을 바라보는 편견이다. 미스터리하든 그렇지 않든 법의학에서는 사건이 발생하면 신원을 우선적으로 확인한다. 사망한 사람, 그가 누구인지를 아는 것이 가장 중요하다.

예컨대 대구 지하철이나 세월호와 같은 대량 재해의 경

우에도 발견된 시신이 누구인지를 먼저 알아야 가족들에게 돌려드릴 수 있지 않은가. 이때 신원 확인을 위해 사용되는 것이 지문이나 치아 등이며 유전자 검사 또한 이를 위해 시행한다.

신원을 확인한 뒤 검시에서 중요하게 다루는 사항은 '왜 죽었는가?'다. 즉 의학적인 사망 원인을 밝혀내는 것이다. 의과대학에서 배운 수많은 질병명이 사망 원인으로 작용할 수 있다. 그다음으로는 '어떻게 죽었는가?' 하는 죽음의 방식, 즉 사망 종류를 가려낸다.

사회적으로 많은 논란이 있었던 '백남기 농민 사건'에서 의학적인 사망 원인은 아마도 고칼륨혈증, 신장부전이 맞을 것이다. 그러나 그전에 그러한 질환을 유발한 근본적 원인이 무엇인지, 어떻게 죽었는지를 살폈을 때 머리의 경막하출혈硬膜下出血이 원사인으로 기재되었다면 외인사外因死라고 이야기하는 것이 합리적이라는 말이다. 자신이 어떤 정치적 견지를 가지고 있는지와는 무관하게 의학적 합리성으로 보면 그렇다는 것이다.

국내 통계에 따르면 우리나라에서는 매년 28만 여명이 사망하는데, 실제로 타살은 500여 명 정도, 즉 10만 명당

1명이 안 된다. 2017년 통계청 자료에 따르면 10만 명당 0.8명이며, 흔히 10만 명당 2명 정도로 나오는 통계는 살인미수까지 포함된 경우다.[1] 반면에 자살은 10만 명당 24명이 넘는다. 타살의 30배에 달하는 수치다.

또한 갑작스럽게 사망한 사람의 경우에 타살을 의심하지 않더라도 그 적확한 사망 원인을 알 수 없는 경우도 많다. 나 역시 부검할 때 자살자와 사망 원인이 불명했던 경우가 굉장히 많은 부분을 차지했다. 이와 관련해 많은 사람들이 자살자를 왜 부검하는지 궁금해하는데, 그 이유는 무엇보다 타살의 의혹이 없는지 정확히 확인해야 하기 때문이다.

이를 위해 나는 월요일마다 죽은 자들을 만나러 간다. 안타깝게도 그들에게 나는 죽어야 만날 수 있는 사람이다.

죽음은 어떻게 구분되는가

죽음을 이야기하기 위해서는 무엇보다 죽음이 무엇인지를 알아야 한다. 죽음이란 생명체가 그 수명을 다한 상태인 것을 모르는 사람은 없겠지만, 그 생명의 존속이 다한 시점이 언제인지, 생명의 존속이 허물어져가는 상태가 어떠한지,

그 삶과 죽음의 접경에 어떠한 심리적 풍경을 품게 되는지 등 전반적인 죽음의 경과에 대해 보통 사람들은 아는 바가 없다. 심지어 시대에 따라 장소에 따라 죽음은 매우 다른 의미의 결을 갖게 된다.

법적 및 의학적인 의미의 죽음은 사망 원인과 사망 종류를 통해 정의된다. 이 두 가지는 분명 다른 것인데 일반인들은 이를 헷갈리기 쉽다. 우선 사망 원인은 의사의 진단명을 말하는 것이다. 예를 들어 위암이다, 간암이다 하는 것은 사망 원인이다. 추락사로 사망했으면 그것이 사망 원인이 되는 것이다.

사망 종류에는 크게 두 가지가 있다. 첫 번째는 자연사, 즉 병사다. 두 번째는 외인사, 즉 외적 원인에 의한 사망이고, 여기에는 알 수 없는 원인에 의한 불상*이 포함된다. 우선 자연사 또는 병사는 이해하기 쉽다. 의사가 "돌아가셨습니다" 하고 말하면 의사에 따른 질병명이 병의 원인인 것이고 병사에 의한 사망이 되는 것이다.

그렇다면 추락사는 사망 종류가 병사일까, 외인사일까? 많은 이들이 상식적으로 생각하듯 외인사가 맞다. 외인사는 크게 자살과 타살, 사고사로 구분하는데 한 사람의 죽음이 이 중 어디에 속하는지를 판단하는 것은 매우 중요한 일이 된다.

이와 관련해 법의학자로서 여러 기관으로부터 자문을 의뢰받는데, 그중 나에게 가장 많이 자문을 구하는 곳이 법원이다. 그리고 두 번째는 검찰, 세 번째는 경찰 순이다. 그런데 이곳들 말고도 나를 애타게 찾는 곳이 한 군데 더 있다. 바로 보험 회사다. 보험 회사에서야말로 사망 종류를 매우 중요시 여기는데, 짐작하듯이 보험금 지급 때문이다.

만약 상해 보험에 가입된 누군가 추락해서 사망했을 경우, 사고사라면 보험 회사에서는 당연히 이를 보상해줘야 한다. 그런데 혹여 사고사가 아니라 그냥 제 발로 뛰어내린 것이라면 자살에 해당하기에 보험금 지급 여부를 따지게 된다. 또한 누군가 밀었을 경우에는 타살이므로 국가 보험뿐만 아니라 공권력이 개입하게 된다. 이렇듯 사망 종류에 따라 보험금 지급액이 달라지기에 보험 회사는 이를 민감하게 구분하고자 하는 것이다.

그런데 추락사 중에 특이한 예외적 사례가 하나 있었다. 부부가 부부 싸움을 하던 중 원래 약간의 우울증이 있던 아내가 화를 못 이기고 뛰어내려 사망한 사건이었다. 당시 법원에서는 이를 스스로 뛰어내린 자살보다는 급성 우울증에 의한 추락이라고 판단해서 재해의 보험금 지급을 판결했다.

극도의 흥분되고 불안한 심리 상태를 이기지 못하고 순간적인 정신적 공황 상태에서 자신의 행동으로 인하여 발생할 사망의 결과와 그로 인한 가족들 및 주변 상황의 변화에 대하여 제대로 이해하거나 예측하지도 못한 채 극도로 모멸스럽고 격분된 순간을 벗어날 방편으로 베란다에서 뛰어내림으로써 자유로운 의사결정에 의하지 아니하고 사망의 결과에 이르렀다.[2]

물론 이 사건은 아직도 많은 학자들 사이에서 논란이 있지만, 법원은 급성 우울증 발작을 죽음의 원인으로 보아 재해에 따른 보험금 지급을 판단한 것이다.

이처럼 죽음을 정의하기 위해서는 사망 원인과 사망 종류 모두를 따져봐야 한다. 결론적으로 부검을 통해 사망 원인을 밝히는 법의학은 사망 종류를 법률적 측면에서 조언하는 역할을 담당한다.

어제의 죽음과 오늘의 죽음

시대와 환경에 따라 삶이 끝나게 되는 원인은 달라지기 마련이다. 현재 우리나라 사망 원인 1위는 암이고 그다음이 심혈관 질환, 뇌혈관 질환이다. 1년에 사망하는 약 28만 명의 사람 중에서 13만 명이 이러한 질병으로 죽는다. 우리도 언젠가는 분명 지금의 삶에서 소멸하게 될 텐데, 사고사가 아니라면 소멸할 때 대부분의 사람이 이러한 질병에 의한 징후를 갖게 될 것이다.

질병으로 인한 생의 '말기'적 증상에는 다음과 같은 신체적 징후가 수반된다. 당연히 통증이 있을 것이고, 피곤하고, 힘이 없고, 입이 마르고, 손발이 저리고, 가렵고, 어지러운 증상들을 겪게 된다. 그런데 이보다도 더 큰 문제는 심리적 징후다. 이는 불안, 우울, 불면, 짜증, 무원고립감無援孤立感, 주의력 결핍 등 다양한 형태로 나타나는데 이러한 심리적 징후가 신체적 징후를 더욱 강화시키는 측면이 있다.

이외에도 환자가 사망하는 과정에서 가장 흔하게 겪는 일반적인 징후는 졸음이다. 굉장한 졸음 때문에 환자는 혼미한 그로기groggy 상태에 빠져 깨워도 계속 존다. 그러다가 약간의 반응을 보이면, 이때 보호자나 간호사가 환자를 소리쳐 부르거나 꼬집어보기도 한다. 물론 미워서 꼬집는 것은 아니고, 의학적으로 일정 상태에서는 꼬집어보라는 지침이 있기 때문이다.

이처럼 꼬집는데도 전혀 반응을 나타내지 않으면 혼수 상태에 빠진 것으로 본다. 그러다 어느 순간 사망하게 되는 것이다. 이것이 보통 사망에 이르는 흔한 과정이다.

그런데 드물게는 이러한 과정이 매우 극심한 양상으로 나타나기도 한다. 어떤 경우에는 환자가 안절부절못하고 망상에 빠져서 헛소리를 하기도 하고 환각을 보는 듯 몸을 덜덜 떨기도 하면서 가족들의 마음을 힘들게 한다. 이러다가 반半혼수상태에 빠져 사망에 이르게 되는데 그 기간이 꽤 오래 지속되는 것이다. 물론 이는 덜 흔한 과정으로, 과거에는 대부분의 경우 졸리는 상태를 이기지 못하고 자연스럽게 사망에 이르렀다.

그런데 의학 기술의 급속한 발달로 현대에는 죽음을 판단하고 대처하는 데 새로운 문제가 발생하게 되었다. 바로 연명의료다. 의학과 의료의 발전으로 그동안 생각하지도 않던 문제가 논쟁의 대상으로 떠오른 것이다. 중환자 의료의 발달로 치명적인 상황에 빠진 환자를 상당수 살려낼 수 있게 되었으나, 이면에는 더 이상의 의료가 소용없는 경우 이를 중지하고자 할 때 그 절차와 시기가 명확하지 않다는 문제를 함께 가져왔다.[3]

즉 이제는 자연스럽게 죽음으로 가는 단계라고 보는 졸음의 단계, 혼수상태를 무한정 연장할 수 있다. 의학적으로 그 소멸의 상태를 중단시켜 심장을 계속 뛰게 할 수 있고 호흡을 계속하게 할 수 있는 것이다. 중환자실에 누워 있는 말기암 환자라든지 식물인간 상태를 겪는 뇌질환 환자 등에게도 생명 연장이 가능해진 것이다.

이렇듯 우리에게는 현재 연명의료로 발생하는 그레이 존gray zone, 즉 삶과 죽음 중 어느 영역에 속하는지 불분명한 중간 지대의 존재가 새롭게 부상했다. 이외에도 과학과 기술의 발달로 우리는 죽음에 관해 새로이 고려할 사항이 많아진 시대를 맞이하고 있다.

죽음과
동반을 결심하다

인생을 결정지은 법의학 명강의

나는 서울대학교 의과대학에서 법의학을 전공했다. 법의
학자라고 하면 왠지 태생적인 정의감이 남다르지 않을까
생각하는 사람이 있을지 모르겠지만 사실 내가 의과대학
을 가게 된 것은 그렇게 거창한 희생정신 내지는 봉사정신
때문은 아니었다. 만약 지금과 같은 수시 입학 체제라면 입
시에서 탈락했을지도 모르겠다.

고등학교 입학 당시에는 법대를 가고 싶었다. 세상에 나
쁜 사람이 있다면 '정의의 이름'으로 단죄를 하고 싶다는
막연한 생각이 있었기 때문이다. 그러다 고등학교 2학년
때 문과와 이과를 정해야 하는 순간, 부모님께서 조심스럽

게 의대를 권유하셨기에 이과를 선택했고, 3학년 때 담임 선생님께서도 공부를 제법 하니 의대나 공대를 가는 것이 어떻겠냐며 그중에서 공대, 특히 전자공학과를 강력히 권유하셨다. 그러나 당시 어느 순간부터 수학에 흥미를 느끼지 못했던 터라 선뜻 의대를 선택하게 되었다.

그렇게 진학한 의과대학 6년 동안 수많은 강의를 들으며 내 머릿속에는 신경외과, 정형외과 그리고 감염내과라는 전공이 남아 있었다. 그러던 중 의과대학의 마지막 시절인 본과 4학년 의사국가고시가 얼마 남지 않았을 무렵, 영원한 멘토이자 스승이신 이윤성 교수의 강의를 듣게 되었다. 그때 강의는 무척이나 재미있었고, 이것이 나의 운명을 가르는 계기가 되었다.

무엇보다 늘 생명을 지키고 유지하기 위해 노력을 기울이는 다른 과목과 달리 죽음이라는 주제에 대한 과학적인 접근이 매우 신선했고 한 사람의 죽음에 대한 그의 평가라 할 만한 내용이 가슴을 쳤다. 대단한 명강의였다.

그때 나를 감동시켰던 그 강의 내용이 바로 이제부터 내가 하고자 하는 이야기라고도 할 수 있다. 그 강의를 듣고 평생 법의학을 해야겠다는 생각이 들었고, 신념으로 굳어지자 당장 이윤성 교수를 찾아갔다. 그때 이윤성 교수는 내 손을 꼭 붙잡으시며 10년 만에 찾아온 제자라며 굉장히 반가워하셨다.

아들이 어려운 의대에 들어갔다고 그리 좋아하셨던 부모님은 졸업을 앞둔 어느 날 뜬금없이 법의학자가 되겠다는 나를 한동안 말없이 쳐다보셨다. 그런 뒤 "그런데 법의학 그게 정확히 뭐하는 거니?"라고 물으셨다. "쉽게 말하면 시체를 해부하는 겁니다"라고 대답하자 처음에는 당연히 반대가 이어졌다. 왜 편한 길을 두고 이상한 길로 빠지냐며, 어려운 길이 그리 좋으면 차라리 수술하는 과를 선택하라고 읍소하셨다. 그러나 반나절 정도를 법의학의 전망이 얼마나 휘황찬란한지에 대해 거짓말을 섞어 설명한 끝에 간신히 허락을 받을 수 있었다.

쉽지 않게 들어선 법의학자의 길이지만, 법의학자는 그렇게 빛이 나는 직업은 아니다. 짐작하듯이 법의학을 한다고 해서 경제적으로 부유해진다거나 사회적으로 명성이 높아지지는 않는다. 물론 환자들에게 존경이나 감사 인사를 받는 것도 아니다. 법의학자는 항상 죽은 자와 함께하니 그럴 수가 없다. 안타깝게도 죽은 자들은 내게 직접적으로 한마디도 할 수 없으니 단지 그들 삶의 마지막 장면에 빛도 없이 등장하는 카메오 같다고나 할까.

그럼에도 나는 그 죽음 강의를 듣고 법의학자의 길을 선택한 이후로 단 한 번도 진로에 대해 후회한 적이 없고 지금도 여전히 평생의 업이라고 생각하며 일한다. 아마도 휘황찬란하게 빛나는 스타보다는 소박하지만 은은히 빛나는 사람이 되고자 하는 소망이 내 안에 간절했기 때문이라 생각한다.

외로운 법의학의 길

대한민국 건국 이래 최초의 법의학자로는 문국진 교수를 들 수 있다. 그는 6·25 전쟁 발발 전까지 평양에서 평양대학교 의과대학을 다니다가 전쟁 때 월남 후 서울대학교 의과대학에 편입했다. 그런 문국진 교수께 법의학을 시작한 계기를 직접 들을 기회가 있었는데, 그 이야기는 이렇다.

의과대학을 다니고 있던 그는 비가 쏟아지는 어느 날 우연히 한 고서점에 들어가게 된다. 일제강점기 때 일본인들이 남기고 간 책 중 『법의학』이라는 제목을 달고 있는 교과서를 발견하고 읽게 된다. 읽다 보니 그 내용이 상당히 흥

대한민국 1호 법의학자, 문국진 고려대학교 명예 교수.

영원한 멘토이자 스승인 이윤성 국가생명윤리정책원장.

미로웠는데, 의과대학에서는 배운 바가 없는 학문이었다. 그때 법의학이 인권 옹호, 정의 구현에 반드시 필요한 학문이라는 것을 알게 된 문국진 교수는 그 길로 스승인 장기려 박사를 찾아간다.

장기려 박사는 처음에 반대하며 "이 사람아, 학문도 아닌 걸 하려고 해? 외과로 안 와도 좋으니까 법의학은 하지 마라"라고 이야기했다고 한다. 설마 그렇게까지 했을까 싶기도 하지만 아마도 제자를 걱정하는 마음에 그리 매정하게 대하지 않았을까 싶다. 아무도 가르쳐주는 사람이 없는 학문을 혼자 하겠다는 제자의 앞길이 너무 어두워보였을 수도 있으니 말이다.

그렇게 문국진 교수는 우리나라에서 아무도 하지 않는 외로운 법의학의 길을 가게 된다. 그러던 중 너무 힘들어 다시 장기려 박사를 찾아가 "선생님 말씀이 맞습니다. 더 이상은 법의학을 못 하겠습니다. 지금이라도 외과에 받아주십시오"라고 하자, 장기려 박사는 문국진 교수를 뚫어져라 보더니 도리어 "못된 놈. 의학이란 건 쉬운 데가 없어. 네가 생각했던 대로 안 된다고 다른 걸 하면 또 똑같을 게다. 3년 넘게 쏟아부은 네 노력을, 네 정열을 버리지 마라.

돌아가서 한 우물을 파라"라고 질책했다고 한다.

이에 다시 문국진 교수는 스스로 배움의 길을 찾아 미국으로 가 법의학을 공부함으로써 우리나라 1세대 법의학자로 등극하게 된다. 그리고 이후 몇 세대를 거쳐 지금 나는 우리나라 4세대 법의학자가 되었다. 어쩌면 장기려 박사의 꾸짖음이 우리나라 법의학의 명맥을 이처럼 이어오게 만든 출발점이 된 것이다.

인권과 법의학자의 상관관계

나는 법의학자이자 병리 전문의이다. 병리 전문의 하니까 다소 어렵게 느껴질 수 있겠지만 알고 보면 의외로 일반인과 아주 가까운 의사라 할 수 있다. 보통 병원에 가서 정기적으로 검사하는 항목 중에 위 내시경, 대장 내시경이 있다. 그때 이상 소견이 나오면 조직 검사를 하는데, 병리 전문의가 바로 이를 담당한다. 현미경을 열심히 들여다보고는 '이것은 암이다' 아니면 '단순 염증이다' 등의 조직에 대한 판단을 내리는 사람이 바로 병리 전문의다.

그런데 병리 전문의는 현미경만 보는 것이 아니라 실제 신체 조직도 본다. 간암 수술을 했으면 외과 의사가 암 부위를 잘 떼었는지 확인하는 것인데 수술 후에도 조직에 암이 남아 있는 불상사를 막기 위해 이를 실시간으로 가르쳐주는 것 또한 병리 전문의의 역할이다. 결국 모든 결과를 판독하고 원인과 결과를 유추하는 것이 주된 임무인 셈이다.

사실 법의학 하면 많은 사람들이 '부검'을 떠올린다. 경찰과 함께 과학 수사를 하거나 살인 현장에서 돋보기를 들고 뭔가 열심히 찾는 일만 하는 것으로 생각하기 쉽지만 그렇지 않다. 물론 사망 현장에 경찰과 동행해서 시체에 대한 즉각적인 검사를 하는 경우도 있으나 부검을 하는 것이 주된 업무이기 때문에 경찰과 일심동체가 되지는 않는다는 것이다. 한동안 굉장히 인기 있었던 〈CSI〉라는 미국 드라마는 경찰과 과학자가 힘을 합해 미스터리한 난제를 해결하는 과정을 상당히 과학적으로 풀어내 세간의 관심을 모았었다.

이러한 드라마 때문에 많은 사람들이 법의학자 하면 미스터리한 사건을 해결하는 형사 이미지를 갖게 되었지만 오해하지 말아야 할 것이 드라마는 통상 드라마일 뿐이라는 것이다. 백과사전에서 또한 법의학자를 다음과 같이 정의하기도 한다.

경찰의 범죄 수사를 도와줌으로써 정확한 사인과 사망 경위
를 밝혀 인권을 도모하는 일을 주된 업무로 하는 의학자

이는 법의학자에 대한 적확한 정의는 아니다. 경찰의 범
죄 수사 이외에 법과 관련된 여타의 의학적 문제와도 두루
관련되어 있기 때문이다. 그러나 법의학자가 형사 이미지
보다 인권주의자의 향기를 더 강하게 내뿜는 직업인 것은
확실하다.

때때로 법의학자의 일상에 대해 묻는 사람이 있다. 국립
과학수사연구원에 있는 나의 동료들의 경우 일주일에 보
통 2회 정도의 부검을 하고 이를 감정하는 데 대부분의 시
간을 할애한다. 때로는 현장에 나가 사망 원인과 사망 종류
를 판단하고, 감정한 부검에 대해 법정에 나가 증언한다.
대학에 근무하고 있는 법의학자인 나는 월요일에 3~4구
정도의 시신을 부검하고, 이를 감정하고, 때로는 이에 대해
법정에서 증언한다.

또 학기 중에는 강의와 연구에 힘을 쏟게 된다. 전국의
의과대학은 40개인데, 실제 법의학자가 교수로 있는 대학
은 서울대학교, 연세대학교, 고려대학교, 가톨릭대학교, 충

북대학교, 경북대학교, 전북대학교, 전남대학교, 부산대학교, 제주대학교뿐이라 얼마 되지 않는다. 법의학 교수가 없는 대학의 강의 또한 맡게 되는 경우가 많아 강의 부담이 매우 크다.

연구는 주로 죽음과 관련된 것을 주제로 삼는데, 2018년 발표한 논문으로는 사우나에서 사망한 사람의 부검 결과[4], 돌연히 사망한 1세 미만 영아의 유전자 돌연변이 연구[5] 등이 있다.

광장과 법정을 움직이는 '포렌식 메디슨'

조금 개념적으로 접근해본다면, 법의학이란 법률의 시행에 관련된 의학적·과학적 사항을 연구하고 적용하는 의학 분야로 정의할 수 있다. 법의학은 영어로 포렌식 메디슨forensic medicine이라고 하며, 법률의 시행과 관계되었기 때문에 리걸 메디슨legal medicine이라고도 한다. 포렌식은 광장을 뜻하는 포럼forum이라는 의미의 라틴어 포렌시스forensis에서 유래했다.

그리스 로마 시대에는 광장에서 재판이 열리면 시민들도 이곳에 모여서 투표에 참여했는데, 이때 과학자가 자신의 의견을 제시해서 재판에 도움을 주었던 것이다. 예를 들어 "내가 보기에는 분명 저자가 죽인 거 같소이다. 보시오. 여기 이런 증거가 있지 않소?"라고 과학자가 이야기하면 시민들이 "아, 그렇군. 저자가 범인이 맞군" 아니면 "이 사람은 자연사가 맞아, 이상한 죽음이 아니야" 등등의 설왕설래를 했던 것이다.

이렇듯 포렌식이라는 말은 광장에서의 재판을 함의하는 포럼에서 유래했으나, 현재는 범죄 증거를 확정하기 위한 과학적 수사를 일컫는 용어로 광범위하게 사용되고 있다. 예를 들어 디지털 포렌식digital forensic이란 컴퓨터와 관련한 필수적 증거를 확보하는 것으로 범죄 수사 기법으로 널리 사용되고 있다. 이처럼 일반적으로 법률에 도움을 줄 수 있는 학문에 포렌식을 붙이는 것이다. 어쩌면 법의학은 광장에서 법정으로 진화한 의학이라고도 하겠다.

법의학자에게 재판 과정에서 감정한 부검 소견이나 의견을 진술하는 일은 매우 흔하다. 살인 사건뿐만 아니라 의료 과실 소송 등에서도 법의학자의 의견을 묻는 경우가 있다. 이때 법의학자에게 법정의 진술은 당연한 사회적 책무이지만, 가끔은 부담스러운 일이 되기도 한다. 진술이 불리하게 작용하면 범인이 진술한 나를 빤히 쳐다보는 경우도 있다. 그중에서도 기억나는 사건이 있는데, 그날을 생각하면 아직까지도 등골이 서늘하다.

시체는 등산지로 유명한 산의 등산로에서 조금 벗어난 바위 밑에서 발견되었다. 화사한 등산복을 입은 시체의 얼굴과 머리에는 피딱지가 있는 상태였다. 등산로에서 조금은 벗어났지만 휴식을 위해 잠깐 앉아 있을 수 있는 바위 아래였다.

피해자는 평범한 가정주부였다. 신고를 받고 출동한 과학 수사팀에서 목 부위의 멍 자국을 본 후 살인 사건을 의심해 부검이 실시되었고 얼굴과 머리에 다수의 피하출혈과 함께 대뇌에서 지주막하출혈蜘蛛膜下出血이 확인되었다. 또한 목의 피부에는 지두흔指頭痕이라고 부르는 손가락 끝 모양의 멍과 함께 목 내부의 연골이 부러질 정도의 강력한 압박이 확인되었다. 결국 피해자는 머리 가격에 의한 뇌출혈과 목의 압박에 의한 사망으로 확인되었다.

범인은 경찰이 수사를 하던 도중 자수했다. 전과자였던 범인은 돈을 빼앗으려는 과정에서 피해자가 저항하면서 같이 넘어졌고 그 때문에 사망한 것이라 주장했다. 그가 강탈한 돈은 만 원이 조금 넘는 액수였다.

법의학자로서 법정에서 밝혀야 할 쟁점은 피해자가 범인의 진술대로 넘어지면서 사망했는지 아니면 다른 폭력에 의해 '고의'로 사망했는지 여부였다. 피해자에게 보이는 뇌출혈인 외상성 지주막하출혈은 넘어지면서 발생한 것이 아니었다.

얼굴이나 목 양쪽, 특히 귀 밑 등이 강한 외력, 대개 주먹이나 발길질 등으로 상부 목뼈 중에서도 외측돌기 부분의 충격을 받아 이 부위를 통과하는 척추동맥이 터져서 뇌 바닥 부위를 중심으로 출혈이 생긴 것이었다. 즉 얼굴을 때린 것이지 범인이 진술한 목을 감싸고 넘어져서는 절대 발생하지 않는 손상이다.

이는 법의학자로서는 뻔한 이야기지만 재판장에게는 중요한 정보가 될 수 있다는 점에서 당시 자세히 진술했다. 범인은 목을 절대 누르지 않았다고 주장했지만, 이 역시도 목에 압박 흔적이 있는 객관적 자료를 들어 사망 상황을 재구성했다. 법정 진술에서 범인은 계속 나를 뚫어지게 처다봤다. 가끔 변호사에게 무언가를 속삭이면, 변호사는 다시 나에게 여러 질문을 하기도 했다.

솔직히 살인자가 얼굴을 빤히 쳐다볼 때는 오싹한 느낌
이 든다. 판사가 이미 그 앞에서 내 이름과 소속을 불렀기
때문에 그가 나를 기억하면 어쩌나 걱정이 되기도 한다. 물
론 그렇더라도 과학적이며 객관적인 사실을 왜곡할 수는
없다.

진실,
그것이 알고 싶다

간판 없이도 흥행하는 '법의학'

아마도 법의학자가 대중에게 알려지게 된 것은 〈그것이 알고 싶다〉라는 TV 프로그램 영향이 큰 것 같다. 사람들이 죽음에 대해 궁금해하는 것을 과학적 추론을 통해서 설명해주는 모습이 법의학자의 자연스러운 이미지로 굳어졌기 때문이다.

때문에 탐사 프로그램을 포함한 다양한 언론에서 내게 연락을 많이 해온다. 누군가의 죽음의 원인을 규명하는 데 조언을 구하는 것이다. 일례로 몇몇 방송에서 아이가 일명 '마약 풍선'이라는 것을 마시고 죽었다는데 아산화질소라는 풍선의 성분이 뭐냐, 그리고 왜 그것을 마시면 죽느냐

물어본 적이 있다. 내가 아마 서울대학교 교수에 법의학자니까 다 알 것이라고 생각한 것이다.

하지만 사실 나도 다 알 수는 없다. 그런데 워낙 많은 질문을 받다 보니까, 또 그 질문이 한동안은 계속 반복되다 보니까 스스로가 열심히 연구하게 된다. 관련 논문을 찾아보고 여러 가지 경우의 수를 대입해보는 등의 여러 과정을 겪으면서 내 나름대로의 결론이 생기기도 하는데 이렇듯 나를 향한 수많은 질문이 오히려 거꾸로 나 자신을 지식적으로나 법의학적으로 성장시키는 측면도 있다.

그렇다면 우리나라의 법의학자 수가 몇 명이나 될까? 우리나라에 등록된 전체 의사 수는 2017년 통계에 따르면 12만 1571명인데, 그중에는 내과 의사가 굉장히 많다. 일반적으로 동네에서도 쉽게 찾아볼 수 있는 것이 '속편한 내과', 무슨 내과 하는, 내과 간판일 것이다. 그리고 서울의 신사역이나 압구정역에 내리면 성형외과 간판을 실컷 볼 수 있다. 그런데 법의학 간판은 눈을 씻고 찾아봐도 볼 수 없다.

이에 비해 법의학자의 수는 현저히 적다. 현재 우리나라의 법의학자 수는 정확히 40명이다. 부산에 있는 세 명을 제외하고, 전부 전국에 흩어져 있다. 1년에 두 번씩 개최하는 학회에 참석할 때도 법의학자들은 절대 함께 움직이지 않는다. 혹시 같은 고속버스를 타고 가다가 만약 사고라도 날 경우를 대비하기 위해서다. 혹시 사고가 발생해 한꺼번에 죽는 일이 발생하기라도 하면 우리나라 법의학자가 전멸할 우려가 있기 때문이다. 물론 농담이 포함된 진담이다. 이를 위해 우리는 되도록 함께 이동하지 않고 개인적으로 흩어져서 각자의 교통수단을 이용해서 모인다.

언론과 법의학이 밝혀낸 어느 억울한 죽음

2013년 〈궁금한 이야기 Y〉라는 프로그램의 방송 작가 전화를 받았다. 방송 작가는 "요즘 게시판을 달구는 뜨거운 이슈가 있는데 교수님께서 한번 봐주셨으면 한다"고 요청했다. 방송의 특성상 소재를 찾기 위해 방송 작가들은 여러 게시판을 탐색한다고 한다. 이러한 노고를 알기에 바쁜 와중에도 자료를 잘 검토해주는 편이다.

더욱이 27개월 아이의 사망이라는 점에서 살펴보지 않을 수 없었다. 사망한 후에 아이를 화장했기 때문에 부검 등의 자료는 없었다. 단지 D시에 위치한 대학병원의 의무 기록만이 남아 있었다. 그런데 자료를 검토하다 매우 놀랐다. 아이의 키가 1미터도 되지 않는데 사망 원인이 머릿속 출혈 중 경막하출혈이었기 때문이다. 신장이 1미터가 되지 않으면 넘어지더라도 경막하출혈이라는 손상은 잘 일어나지 않는다.

경막하출혈이란 머리뼈 안쪽의 뇌경막과 거미막 사이 공간에 출혈이 나는 현상으로, 대부분 외상에 의해 발생한다. 주로 머리가 빠르게 움직이다가 갑자기 멈추게 되는 가속-감속의 기전mechanism에 의해 발생하고, 임상적으로는 대부분 전도顚倒, 즉 넘어짐의 상황이나 벽 등의 고정된 부위에 부딪치는 경우에서 관찰된다. 더 놀라운 것은 아이의 머리에는 '각각 독립적인 두 부위'에 경막하출혈이 있었다는 점이었다. 그 구체적인 이야기는 이렇다.

2013년 지방 대도시의 한 대학병원 응급실에 27개월 여자아이가 실려 왔다. 아이는 집안 사정으로 태어난 지 얼마 안 되어 아직 결혼을 안 한 미혼의 고모가 맡아 키웠다. 부모의 불화로 갑자기 양육할 사람이 없어진 천사 같은 아이를 고모는 정성스레 양육했다. 그러나 16개월이 지난 어느 날 아이 엄마가 찾아와 자신이 직접 기르겠다며 데려갔고, 이후에 고모는 아이의 얼굴을 볼 수가 없었다.

아이는 병원에 실려와 치료 도중 사망했다. 대학병원의 의사는 사망 진단서에 사망 종류를 '외인사'로 기재했다. 외인사로 기재되면 경찰 등의 공권력이 개입하게 된다. 아이의 엄마는 죽은 아이의 시신을 데리고 퇴원해 사망 진단서를 전문적으로 써주는 의사에게 부탁했다.

의사는 사망 종류를 '병사'로 기재한 엉터리 시체 검안서를 발급했다. 아이는 머리의 뇌출혈로 치료를 받은 상태여서 아이의 얼굴만 봤더라도 외상에 의한 죽음을 알 수 있었을 것이다. 추후에 그 의사는 아이의 얼굴을 보지도 않았다고 밝혔다.

아이는 화장되어 한 줌의 재로 세상에서 사라졌다. 아이가 사망했다는 소식을 들은 고모는 믿을 수 없었다. 고모는 자신이 키울 당시에는 건강하고 밝았던 아이가 이렇게 갑자기 죽었다는 것을 받아들일 수 없어 게시판에 문제를 제기한 것이다.

방송국에서 보내온 자료 중 영상 검사에서 뇌의 '두 부위'에 서로 음영이 다른, 즉 시기가 다른 경막하출혈이 보였다. 즉 급성 뇌출혈과 시기가 조금 더 오래된 뇌출혈이 같이 있었다. 결국 시기를 두고 한 아이가 두 번 머리를 다친 것이다. 아이는 발육 상태도 좋지 않았다. 방송에서 "신장이 1미터가 되지 않는 아이가 이렇게 넘어져서 경막하출혈이 두 번 생기는 것은 거의 일어나지 않는다"라는 인터뷰를 했다.

경찰은 다시 수사를 시작했고 재판까지 일사천리로 진행되었다. 친모에게 4년의 실형, 같이 살던 동거인에게 10월의 징역이 선고되었다. 그리고 시신을 직접 검사하지도 않고 가짜 진단서를 발급한 의사에게는 징역 1년 6월에 집행유예 2년이 선고되었다. 법원에서는 뇌출혈을 입은 딸을 방치해 숨지게 한 혐의로 유기치사 등의 법률을 적용했다. 살인죄는 인정하지 않았다. 아이의 생모는 식용유에 미끄러져 넘어진 사고사를 주장했다.

법의학자로서 매우 아쉬운 판결이었다. 아이의 머리에 발생 시기가 다른 두 개의 출혈이 단순히 넘어져서 발생할 수 있을까? 나는 지금도 그렇게 생각하지 않는다. 그리고 사건에 대해 하나 더 찝찝한 점이 있다. 최근 그 사건이 일어난 지방 도시에 강의가 있어 방문했다가 뜻밖의 이야기를 들었다. 아이의 검안을 엉터리로 한 의사가 지금도 여전히 같은 일을 하고 있다는 것이었다.

자극적 언론에 가려진 죽음의 진실

〈그것이 알고 싶다〉에서 유명해진 사건으로 '문경 십자가 시신 사건'이 있는데, 사건의 내용인즉 이렇다. 문경의 야산에서 하나의 시신이 발견되었는데 십자가에 못이 박혀 있었다. 이를 보고 인터넷 언론을 포함한 수많은 언론에서 "십자가 시신 사건 전문가들 '자살은 불가능'"이라는 기사를 썼다.

경북 문경의 폐광산에서 십자가에 못 박혀 숨진 채 발견된 시신 사건이 자살이냐 타살이냐로 논란이 증폭되는 가운데 의학 전문가들은 여러 정황상 자살은 불가능하다는 입장을 보이고 있다.[6]

이 사건은 결국 자살로 귀결되었다. 종교적 망상이 있던 사람이 마치 예수님처럼 자신의 죽음을 계획한 것이었다. 그래서 십자가를 세워놓고 본인이 미리 못을 박아 찔렀는데, 실제로는 목을 매서 사망했다. 현장에는 자살 계획을 세운 도면까지 같이 있었다. 나중에는 부검을 통해서 자살이라는 것이 명백히 밝혀졌는데도 몇몇 의학 전문가들이 자살이 불가능하다고 말했다니 나로서는 상당히 의아했다.

무엇을 근거로 그렇게 말한 것인지 모르겠으며 죽음에 대한 전문가는 필시 법의학자일 텐데 내가 연락해본 우리 나라의 몇 명 안 되는 법의학자는 모두 이러한 의견을 낸 적이 없었다. 이 사건은 시신에 대한 면밀한 관찰과 현장에 남겨진 증거들을 종합해 최종적으로 자살로 판단되었다. 단지 한 장의 사진만으로는 사망의 종류를 판단할 수 없다 는 사실을 보여준 사건이다.

법의학자는 확실한 증거로써만 진실을 추구한다. 그것 이 말이 되는 이야기든, 말이 되지 않는 이야기든 서사에 관심을 두기보다 명확한 증거에 입각해서 추론하는 것이 다. 경험으로 쌓인 느낌이라든지 감각적인 부분도 중요하 지만 결정적 판단은 오롯이 백퍼센트 과학적 증거에 의한 것이어야 한다. 그것이 법의학이다.

그렇다면 이제부터는 법의학이 어떻게 죽음의 비밀을 풀어나가는지에 대한 이야기를 실제 일어났던 사례를 통 해 설명하고자 한다. 여기에 등장하는 인물들은 전부 가명 을 사용했다.

법의학 앞에
완전 범죄는 없다

증거 없는 무죄의 살인

이야기는 2000년대 초반 어느 농촌에서 시작된다. 김 씨는 농촌을 곁에 두고 있는 작은 소도시에 사는 농부였다. 술과 여자를 좋아해 농번기에도 얼굴은 늘 벌겋게 상기되어 있었고 일은 잘 하지 않았다. 입에 욕설을 달고 살았고, 수틀리면 가끔은 어깨를 으쓱이며 폭력을 행사할 듯이 손을 들어 겁박하기를 일삼는 그를 이웃들은 두려워했다.

아내 박 씨는 그런 김 씨가 못마땅했다. 모두 무서워하는 남편에게 아내 박 씨는 늘 대들고 잔소리를 해댔다. 남편의 도움 없이 농사일과 아이들을 도맡아 키우며 살아가는 그녀로서는 남편의 무능함에 악다구니가 나올 법했다.

3월 7일 밤 10시 10분, 아직은 쌀쌀한 날씨였다. 농협 지소 앞 왕복 사차선 도로는 밤이기도 하거니와 평소에도 오가는 차가 많지 않았다. 보리 이삭이 패는 들판의 좁은 길을 지나가던 최 씨는 농협 앞 가로등의 불빛으로 용케 박 씨의 빨간색 경차가 농협 앞 이차선 도로에서 녹색 신호를 받고 정차한 것을 알아봤다.

몇 초가 지났을까? 꽝 하는 굉음이 들렸다. 최 씨가 깜짝 놀라 돌아봤다. 박 씨의 빨간색 경차가 아까 신호등 앞에 잠시 멈추었던 곳에서 20미터 지나 갓길에 운전사도 없이 주차된 트럭의 뒤꽁무니에 박혀 있었다. 트럭 아래쪽으로 경차의 보닛이 빨려 들어가 있었다. 농협 지소에 남아 있던 직원이 굉음을 듣고 뛰어나왔다.

"빨리 신고해요! 어이구, 어떡해……."

농협 직원이 119에 신고를 했고, 최 씨는 황급히 차를 살펴봤다. 차는 경차라서 그런지 앞이 많이 우그러졌다. 창문으로 안을 들여다보니 박 씨의 왼쪽 얼굴에 피가 흘러내리고 있었다.

"아줌마 괜찮아요?"

계속 불러봤지만 박 씨는 대답이 없었다. 이때 뒷좌석에서 걸쭉한 남자 목소리가 들렸다.

"아이고, 아이고……. 아파. 빨리 구해줘."

남편 김 씨가 누워 있었다. 119는 사고 4분 만인 10시 14분에 도착했다. 구급 대원들은 차량 사진을 찍으면서 신속하지만 조심스럽게 박 씨와 남편 김 씨를 꺼냈다. 119 차량이 두 명을 태우고 가장 가까이에 있는 병원으로 달려갔다. 급한 상황에서도 구급 대원들은 아내 박 씨가 숨을 쉬지 않고 혈압도 없다는 것을 금세 알아챘고, 심폐소생술을 실시했다.

병원에는 10시 35분에 도착했다. 응급실에서 남자 의사가 뛰어나왔다. 그는 응급의학 전문의였다. 남편 김 씨는 목이 아프다고 했고 이마에 멍이 들어 있었지만 상태는 나빠 보이지 않았다. 아내 박 씨는 죽었다. 혈압이 느껴지지 않았고 숨도 쉬지 않았다. 의사는 병원 도착 당시 이미 사망했다는 DOA^Dead on Arrival를 선언했다.

왼쪽 이마의 1센티미터 정도 찢어진 상처에서 피가 흘러내렸으나 겉으로 보기에는 심각한 손상은 없었다. 의사는 '이런 교통사고에서는 보통 목뼈가 탈구되지'라고 생각하며 이를 확인하고자 엑스레이를 찍었다. 엑스레이를 한참 들여다본 의사는 사망 진단서에 '환추후두관절탈골環椎後頭關節奪骨 추정 즉, 두개골과 첫 번째 목뼈 사이 관절이 어긋나 탈구되어 있음'이라고 썼다. 박 씨는 공식적으로 교통사고로 사망했다. 남편 김 씨는 다음 날 퇴원했다. 아내는 남편의 선산에 바로 매장되었다.

장례가 끝나고 얼마 되지 않아 조그마한 농촌 마을에 흉흉한 소문이 돌았다. 소문은 여러 형태로 나돌았지만 결론은 '남편 김 씨가 아내를 죽였다'는 내용이었다. 남편은 이 소문에 주눅 들지 않고 오히려 더 기름을 부었다. "마누라가 죽은 건 그년 팔자고, 산 사람은 살아야지" 하며 생명 보험금을 타게 되었다고 떠벌렸다. 김 씨는 아내가 죽었지만 그리 슬퍼 보이지 않았다. 이웃들은 뒤에서 쑤군댔지만 김 씨가 무서워 앞에서는 아무 말도 하지 못했다.

박 씨가 사망한 지 반년 뒤 검찰에 한 장의 투서가 접수

되었다. 내용은 간단했다. 남편 김 씨가 박 씨 사망 2년 전에 이미 아내를 죽여주면 돈을 주겠다고 제안했으나 거절했다는 내용이었다. 검찰은 바로 수사에 착수했다. 시기가 일치했다. 아내가 죽기 2년 전 남편은 이미 네 개의 생명 보험을 들었고 수령액은 5억 원이었다. 경찰은 투서를 보낸 사람을 불러 조사했다. 남편과 한동네 사는 유 씨였다.

"아, 김 씨랑 둘이서 막걸리를 먹다가 갑자기 아내 앞으로 생명 보험이 많은데 박 씨를 죽여주면 2억 원을 준다고 했다고요. 근데 사람이 어떻게 그래요."

유 씨는 침을 꼴깍 삼키며 말을 이어갔다.

"'야! 큰일 날 소리 하지 마'하고 넘겼지요. 근데 2년 뒤에 박 씨가 정말 죽었다고요. 이거 이상해서 맘속에 담아 두려고 했는데……."

검사에게 감이 왔다. 보험을 조사해보니 놀라운 사실이 더 발견되었다. 박 씨 앞으로는 교통사고로 죽기 2년 전 가입되었던 보험 네 개 말고도, 다섯 개의 보험이 더 있었다. 박 씨의 사망 한 달 전에 가입된 보험 다섯 개의 총지급액은 13억 원이나 되었다.

지금도 엄청난 금액이지만 2000년대 초반 시골에서는 정말 큰돈이었다. 김 씨가 제법 넓은 농지를 소유한 사람이었어도 아내의 생명 보험을 아홉 개나 가입했다는 것은 굉장히 수상한 일이었다. 보험 회사에서도 이상하다고 여겨 지급을 계속 미루고 있는 상태였다.

검사는 선산에 묻힌 박 씨의 시체를 부검하기로 결정했다. 박 씨가 죽은 지 1년 6개월 후였다. 시체는 전체적으로 부패했다. 아직 백골이 되지는 않았으나, 피부는 이미 부패되어 거의 남아 있지 않았고 일부 근육이 남아 있는 정도였다.

그러나 목을 절개해서 봤을 때 한 가지 이상한 점이 발견되었다. 목의 후두에 위치한 가장 큰 연골인 갑상연골甲狀軟骨 왼쪽의 윗부분이 부러져 있었다. 갑상연골은 목에 강한 압박이 가해질 때 골절된다. 그러나 시체가 너무 부패해 이 압박이 사망 전에 일어났다는 증거인 생활 반응을 확인할 수 없었다. 목을 졸랐을 가능성은 있었다. 그러나 살아

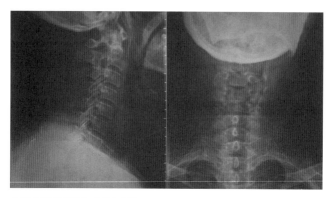

갑상연골을 포함한 목뼈 엑스레이.

있을 때 골절이 발생한 것인지, 아니면 부패된 시체가 삭아서 부러진 것인지 확정할 수 없었다.

유 씨의 증언으로 남편 김 씨를 살인교사 미수로 기소할 수는 있었다. 그렇지만 박 씨의 죽음에 뭔가 더 있다는 생각이 들었다. 검사는 사망 당시 병원에서 DOA로 판정 후 찍은 사진과 교통사고 현장에서 119 측이 찍은 사진 몇 장 등 모든 기록을 압수했다. 사망 원인은 교통사고에 의한 '목뼈 탈구'. 의학적 사실이 엄연했다.

그렇지만 검사는 교통사고 분석 기관에 사고 당시 기록을 보냈다. 그 결과 분석 기관은 운전자가 이미 사망한 상태에서 제3자에 의한 대리운전이었을 가능성이 높다는 검사 결과를 보내왔다. 검사는 이 모든 기록에 대해 법의학자에게 자문을 구하기로 마음먹었다.

당시 나는 자문을 받고 적확한 판단을 위해 엑스레이를 동료 영상의학 교수에게 보냈다. 이를 본 동료 교수는 "어디가 탈구가 있는지 전혀 알 수 없다"라는 의견을 보내왔다. 즉 엑스레이에서 목뼈가 어긋난 곳이 없다는 의견이었다.

이밖에도 교통사고 현장 사진을 보다가 이상한 점을 발견했다. 운전석의 박 씨가 매고 있는 안전띠가 양쪽 팔 위에 걸쳐져 있었다. 또한 박 씨는 입 밖으로 혀를 내밀고 있는 상태였다.

보통 안전띠는 몸통 위로 가로지르게 착용하는 것이 일반적이다. 안전띠를 팔 위에 걸치는 일은 없다. 혀가 돌출된 점도 목을 조르는 질식사에서 관찰되는 소견이다. 병원에 도착하자마자 사망해서 바로 찍은 사진을 유심히 관찰했다. 놀랍게도 시체 얼룩이 등 뒤에 선명했다. 검사에게 바로 연락했다.

"시체 사진은 언제 찍었습니까?"

검사는 119가 바로 병원에 도착해서 사망 진단을 받은 직후에 찍었다고 했다. 시체 얼룩은 사망 후 2~3시간이 지나야 빨간 점처럼 중력 아래 방향으로 얼룩덜룩 나타난다. 이렇게 진하게 나타나려면 최소한 사망 후 4시간 정도는 지나야 한다.

혹시 시체 얼룩이 고정되었는지 눌러보는 검사를 했는지도 물어봤다. 시체 얼룩이 생긴 후 7~8시간 정도 지나면 얼룩을 눌러봐도 색깔 변화가 없지만, 사망 후 7~8시간 전에 눌러보면 하얗게 밀린 자국이 나타나기 때문이다. 그러나 돌아온 대답은 아무도 당시 그러한 검사를 하지 않았다는 것이었다.

남편 김 씨는 기소되었고 판결이 내려졌다. 박 씨 사망 2년 전 있었던 살인교사 미수로 징역 1년 집행유예 3년이었다. 살인은 인정되지 않았다. "확정적 증거가 없다"는 것이 재판부의 판단이었다.

몸에 남은 그녀의 마지막 메시지

그는 헐렁한 바지에 반소매 티셔츠를 입고 들어왔다. 날씨가 매우 더워 반소매 주변이 땀에 절어 있었다. 사내는 심드렁한 표정으로, 집에서 자다가 갑자기 죽은 여자에 대해 이야기하기 시작했다.

"아, 38세 가정주부인데 자다가 죽은 것 같아요. 심장마비인 것 같은데. 여자가 좀 퉁퉁해요."

그는 사건 개요를 〈쇼 미 더 머니〉의 래퍼가 랩 하듯이 빠르게 뱉어냈다. 형사는 이미 사인을 심장마비로 단정한 것 같았다.

"근데 조금 껄쩍지근한 게 3일 전에 부부 싸움을 했다는 건데……."

그는 내 눈치를 살폈다. 이럴 때에는 대답하지 않고 기다리는 것이 상책이다. 되도록 형사의 감에서 조금이라도 이상한 것을 말하도록 하는 것이 내 몫이다. 가끔 형사들은 확신이 없는 이상한 점을 이야기하지 않을 때도 있다.

"아, 주변 이웃에 조사를 쪼끔 했는데 부부 싸움할 때 대단했다고 하더라고요. 여자가 '죽여라 죽여라' 하면서 온 동네가 시끄러웠다고 하는데⋯⋯."

그는 말을 끝내지 않고 내 얼굴을 빤히 쳐다보면서 약간의 뜸을 들이다가 이어나갔다.

"허벅지에 맞은 자국이 제법 있더라고요. 근데 그게 3일 전이라 남편은 부부 싸움 후 집을 나갔고⋯⋯."

형사는 심장마비를 사망 원인으로 지레 짐작하지만 뭔가 꺼림칙한 것이 있어 보였다. 약간의 감이 있는 것 같으나 확신이 없어 보였다.

"그러면 누가 이분을 발견했습니까?"
"남편이 가출했다가 돌아왔는데 아내가 침대에 누워 있더래요. 몸을 흔들었는데 이미 죽어 있더라고 그러더군요. 과학수사팀 출동해서 현장 확인했고, 죽은 지 하루도 안 된 것 같다고 하더라고요."
"부부 싸움의 원인이 뭡니까?"

"여자분이 술을 좋아했고 가끔 늦게 귀가했대요. 남편이 의처증이 있다고 주변에서 말하는데, 그날도 바람을 폈니 안 폈니 싸움을 했다고 남편이 진술했어요."

부검실에 들어가 부검대에 누워 있는 여자를 봤다. 여자는 통통한 체형의 평범한 가정주부로 보였다. 허벅지 부위에 가장 먼저 눈이 갔다. 파스 냄새가 나는 허벅지 전체에 벌겋게 멍이 들어 있었다.

형사는 허벅지를 가리키며 3일 전에 부부 싸움을 하면서 방망이로 허벅지를 쳤다고 이야기했다. 그런데 시끄러웠다던 부부 싸움에 방어 흔적이 없었다. 대개 방망이로 사람을 치면 팔과 손으로 막게 된다. 혹 넘어진 경우라면 발로 막으려는 것이 당연하다. 그런데 왼쪽 눈 주변에 멍이 들어 있었는데도 팔과 손, 다리의 다른 부위에는 손상이 없었다.

"여자분이 그냥 맞았다고만 하던가요? 그리고 이 양쪽 허벅지에 있는 멍은 한 번 쳐서 생긴 게 아닌데요? 여러 번 쳤는데요."

나의 질문에 형사가 대답했다.

"남편이 '또라이'라 아내보고 벽을 짚고 서게 한 다음 바람 피운 것에 대해 용서를 구할 때까지 계속 때렸대요. 남편 진술에 따르면, 여자분이 처음에는 소리 치고 싸우다가 남편이 방망이를 드니 그냥 맞았다고 하고요."

확실한 사망 원인을 찾기 위해 부검을 시작했다. 가슴과 배에는 손상이 없었다. 얼굴도 마찬가지였다. 왼쪽 눈은 아마도 주먹이었겠지만 둔기에 맞아서 멍이 들었으나 뼈에는 이상이 없었다. 하지만 양쪽 허벅지를 절개했을 때 놀라운 소견이 관찰되었다. 양쪽 허벅지에 두툼하게 자리 잡고 있어야 할 노란 지방층이 좌멸挫滅, 즉 으깨져 있었고 근육도 파열되어 있었다. 특히 노란색의 지방은 타격에 의해 눌러 터져 빨갛게 변해 있었다.

손상은 허벅지 전체에 퍼져 있었다. 머릿속으로 손상 당시의 상황을 추정했다. 아마도 아내는 처음에는 격렬히 반항했지만 남편이 방망이를 든 순간 체념했을지도 모른다. 나는 형사에게 물어봤다.

"돌아가신 분이 남편에게 맞은 후에 걸어 다니는 모습을 누가 목격한 사람이 있었나요?"

"네, 절뚝거리면서 시장에도 왔었다고 이웃이 진술했습니다. 어디 아프냐고 물어봤더니 괜찮다고 했다는군요."

허벅지가 이렇게 좌멸될 경우 통증이 심각하고 움직이기 힘들다. 여자는 아마도 아픈 다리를 억지로 참으면서 다녔으리라. 형사가 다급하게 물었다.

"심장마비 아닌가요?"

"심장은 사람이 죽으면 다 마비됩니다. 심장마비는 사망 원인이 아니고요. 외상성 쇼크로 사망한 것으로 봐야 되겠네요."

형사는 침을 꼴깍 삼키며 재차 물었다.

"아니, 그럼 맞아 죽은 건가요? 때린 건 3일 전인데".

"조직이 좌멸되면 유효혈액량, 즉 우리 몸에 도는 혈액량이 줄어듭니다. 콩팥이랑 다른 조직 검사를 해야겠지만,

지방과 근육이 이 정도 손상을 입고 나면 다른 장기에도 영향을 미쳐 며칠 뒤에라도 사망할 수 있습니다. 아마 피해자는 끙끙 앓아누웠다가 사망했을 거예요."

형사는 나의 이야기를 다급히 받아 적기 시작했다. 처음 만났을 때의 심드렁한 눈빛은 어느새 날카롭게 변해 있었다.

"알겠습니다. 그럼 부검 결과는 언제 나옵니까?"
"혈액 검사가 응급으로 나오자마자 빨리 결과를 내도록 하겠습니다."

원하지 않던 아이, 원하지 않던 죽음

법의학자는 아이의 시신을 검사할 경우에 더욱 집중하게 된다. 죽은 아이가 끝내 말하지 못한 이야기를 듣기 위해 더 큰 노력을 기울여야 하기 때문이다.

이야기는 2000년대 서울의 한 종합병원에서 시작된다. 10월의 어느 날 밤, 생후 11개월 된 아이가 병원 응급실로 급히 후송되었다. 한창 웃고 울면서 귀여움을 떨 시기에 아이는 의식을 잃은 상태였고, 신체의 반사 또한 거의 확인되지 않았다. 여러 검사를 거친 뒤에 경막하출혈로 진단되었다.

담당 의사는 의아해했다. 넘어져 땅에 머리를 부딪치거나 벽에 머리를 굉장히 세게 박을 경우 생기는 경막하출혈은 이러한 어린 아이에게는 자주 발생하지 않기 때문이다. 의사는 20대 초반으로 보이는 젊은 아이 엄마에게 조심스럽게 물었다.

"아이가 언제부터 의식이 없었나요?"

"애가 잘 노는 걸 확인하고 잠깐 분유를 준비하러 부엌에 갔다 오니까 애가 자고 있었어요. 잘 자나 싶었는데 계속 깨질 않아서……."

엄마는 눈 주위가 벌겋게 충혈된 채 대답했다. 의사는 재차 물었다.

"혹시 아이가 어디에서 떨어지거나 하지는 않았나요?"

"아니요, 그런 적 없었는데. 아!"

아이 엄마는 갑자기 무언가 생각난 듯했다.

"우리 애가 아까 오전에 보행기 없이 걷다가 넘어져서 크게 울긴 했는데……."

의사는 다른 질문을 더 하려다가, 환자 상태가 나빠졌다는 간호사의 응급 콜에 아이를 보러 돌아갔다. 수술이 진행되었고 몇 시간이 지나 아침 무렵에야 아이 아빠가 나타났다. 고등학교를 갓 졸업한 듯한 젊은이였다. 그는 머리카락이 부스스하게 뒤엉킨 채 전날 과음을 한 것 같은 얼굴로 물었다.

"우리 애는 어떤가요? 수술은 잘되었나요?"

아이 엄마는 계속 옆에서 흐느끼고 있었다.

"일단 머릿속 출혈을 제거하기 위해 응급 수술을 진행했고 상태를 지켜봐야 할 것 같습니다."

아이 아빠는 눈물을 뚝뚝 흘렸다. 갑작스러운 불행에 황망해하는 젊은 부부의 모습이었다. 아이는 의식을 찾지 못하고 며칠 후 사망했다. 담당 의사는 안타까운 한편으로 또다른 고민에 휩싸였다.

보통 병원에서 사망하면 사망 진단서를 발급하게 된다. 의사가 사인 란에 병으로 사망한 '병사'라 적으면 그대로 장례가 진행된다. 그러나 담당 의사는 뭔가 석연치 않다는 점 때문에 고민했다.

이 아이는 머릿속 혈관 질환도 없었고 넘어져서 다치기에는 키가 작았다. 고민하던 의사는 사인을 외인사로 적어놓았다. 절차에 따라 병원 행정실에서 경찰에 신고했고, 경찰이 찾아왔다.

"여기 의사 선생님이 외인사라고 썼는데, 외인사는 자살, 타살, 사고사 뭐 이런 걸 뜻하는 거죠. 아이가 갑자기 사망해서 정신이 없으시겠지만 협조해주십시오."

아이 엄마는 거세게 항의했다.

"아이가 죽었는데 지금 왜 경찰이 와서 이래라 저래라 하는 건가요? 우리 마음은 헤아리지도 않나요?"

아이 아빠도 합세했다.

"아이가 죽은 마당에 의사가 경찰 조사를 받게 하다니, 당신은 아이도 없어?"

말이 점점 거칠어졌고, 의사는 후회하기 시작했다. 경찰이 부모를 달래면서 질문을 던졌다.

"아이가 넘어진 적 있지요?"
"네, 어제 걷다가 넘어져서 울었어요."
"그럼 그때 다쳤나 보네."

사건은 그대로 사고사로 넘어가는 듯했다. 이제 최종 결정자는 검찰이었다. 하지만 검사는 경찰의 사건 보고를 읽고 뭔가 이상한 느낌을 받았던지 부검을 지시했다. 부모들은 반대했다. 특히 엄마는 아이가 이미 죽었는데 주검에 다시 칼을 대는 부검이 부모들의 마음을 헤아리지 못한 처사라고 강력하게 항의했다. 그러나 부검은 시행되었다.

병원에서 사망한 사람의 부검은 모든 의무 기록과 검사

자료를 확인한 후 시작하게 되어 있다. 나는 먼저 아이의 몸을 전체적으로 확인했다. 오른팔과 오른 손목에 멍 자국이 있었다. 수술 전 자료에서 오른쪽 뇌 부위의 큰 경막하출혈이 관찰되었다. 부검을 시작한 뒤 아이의 머리 왼쪽 관자뼈의 골절과 오른쪽 뇌 부위의 경막하출혈을 육안으로 확인했다. 비교적 간단한 부검이었다.

사망 원인은 머리 손상이었다. 가속-감속, 즉 머리가 속도를 내어 움직이다가 갑자기 멈추면서 발생한 손상이었다. 성인이라면 대부분 술을 먹고 넘어진 경우일 것이다. 그러나 어린이, 특히 신장이 1미터 이하인 영아라면, 엄마의 진술처럼 걷다가 넘어졌다고 해서 이러한 골절과 출혈이 생기지는 않는다. 만약 아이가 걷다가 넘어져서 이러한 손상이 발생할 수 있다면 인류는 애당초 멸절했으리라.

"오른팔과 오른 손목 멍 자국으로 봐서 아이에게는 살아있을 때, 즉 생전 손상이 있었습니다. 머리 왼쪽 관자뼈의 골절과 함께 뇌의 오른쪽과 이마엽前頭葉에 경막하출혈이 있는 것으로 보아 추락 또는 벽에 머리를 세게 부딪친 경우로 보입니다. 그렇지만 높은 곳에서 떨어진 추락으로 보기

에는 다른 부위에 상처가 없습니다. 그러니 다시 잘 조사해
보십시오."

경찰은 부지런하고 유능하게 변했다. 아이 엄마를 어떻
게 취조했는지 결국 자백을 받아냈다. 거주지를 조사해 벽
에 부딪친 흔적도 찾았다.

아이 엄마의 진술은 안타까웠다. 아이 엄마는 "고등학
교를 막 졸업하고 아이가 생겨 어쩔 수 없이 결혼을 한 상
황이 너무 싫었다. 남편은 변변한 직업도 없이 매일 술을
마셔 화가 난 참에 아이가 울어대서 벽에 딱 한 번 던졌는
데 조용해지더니 갑자기 의식을 잃었다"라고 했다.

이러한 현상은 전형적인 '원하지 않는 아이unwanted child'에
대한 폭력이다. 부모가 원하지 않았던 자식이었기 때문에
아이에 대한 사랑보다 부모의 자기 본위적인 욕구를 우선
순위에 두는 데서 발생한다.

어느 일병의 죽음, "툭 치니 죽었다"

2014년 여름 무더위가 한창일 때 KBS 기자에게서 전화가
왔다. 추후 〈그것이 알고 싶다〉에서도 다루게 된 '윤 일병

폭행 사망 사건'에 대한 질의였다. 열혈 기자였던 KBS 윤 기자가 올해의 기자상을 수여받게 된 이 사건의 시작은 법률 사무소에서 우연히 듣게 된 군대의 사망 사건에서 시작되었다.

책상 위의 전화기가 엄청나게 큰 소리로 울렸다. 평소 휴대전화는 항상 진동으로 해놓고 연구실의 전화번호는 아는 사람이 없어 좀처럼 울리지 않던 터라 깜짝 놀랐다. 호감 가는 상쾌한 목소리가 수화기 건너편에서 들려왔다.

"교수님, KBS의 윤 기자입니다."

"네, 무슨 일이시죠?"

"혹시 군대에서 일어난 사망 사건 들으셨는지요?"

다짜고짜 본론으로 들어갔다. 군대에서는 매년 100여 명이 넘는 젊은이들이 다양한 이유로 사망한다. 사회에 진출한 같은 연령대의 젊은이에 비해 사망자의 절대 수는 적지만, 병역을 이행하다 죽는 이에게는 누구나 관심을 가지게 된다.

내 질문에 기자는 빠르게 말을 이어갔다.

"아, 무슨 사건이죠?"

"최근 보도된 사망 사건인데요. 빵을 먹다가 질식사로 죽었다는 사건이요. 저희가 취재원으로부터 부검 사진을 입수했는데 교수님께 자문을 구하고 싶어서요. 이상한 점이 많다는 게 제 판단입니다."

법의학자가 상대하는 기자나 PD들은 대개 말이 빠르다. 한마디만 놓쳐도 따라가기 어렵다.

"네, 제 이메일로 보내주십시오. 제가 살펴보겠습니다."

"지금 당장 봐주셨으면 해서요. 교수님이 보시고 이상하면 9시 뉴스 타이틀로 나가겠습니다."

빠르고 직설적이다. 조금 황당했다. 기자나 PD들은 틈을 주지 않는다.

"네, 그럼 보내주시죠. 보겠습니다."

매우 다급한 말투에 나도 덩달아 급하게 약속했다. 기자는 내 이메일을 알고 있었다. 아마도 홈페이지를 봤을 것이다. 전화를 끊자마자 기자가 보낸 이메일이 컴퓨터에 떠 있었다. 첨부된 부검 감정서를 열어봤다. 부검 사진 속 사망자는 법의학자인 나조차도 보자마자 얼굴을 찡그릴 만큼 상처가 많았다.

사망자의 계급은 일병이었다. 배와 가슴, 등, 양쪽 팔다리의 넓은 부위에 멍이 들어 있었다. 이렇게 넓은 부위의 손상은 좀처럼 보기 힘들다. 추락이나 교통사고와 같은 경우는 강력한 외력이 전해져 손상의 정도가 더 크다. 하지만 이렇게 몸 전체에 퍼진 손상은, 고문처럼 계획하에 실행된 폭력이 아니고서는 좀처럼 발생하지 않는다. 기자가 요약한 사건 개요를 살펴봤다.

평소에 일병을 때렸던 선임병이, 당시 빵을 먹고 있던 피해자를 툭 쳤는데 그게 목에 걸려서 사망했다는 내용이었다. 군대 내에서 실시한 부검에서도 기도 내에 음식물이 있다고 기술되었다. 같이 보내온 병원의 기록에도 허혈성虛血性 뇌손상, 즉 뇌에 충분한 산소가 공급되지 않아 사망한 것으로 적혀 있었다. 당시 사고 현장에서 황급히 심폐소생술을 하며 이송한 병사와 부사관의 진술 또한 모두 일치했다.

30분 만에 기자에게 다시 전화가 왔다. 원래는 차분할 것 같은 목소리가 속사포 터지듯이 전화기에서 울려댔다.

"교수님, 다 보셨나요? 어떻게 보셨어요. 인터뷰하러 갈까요?"

"조금 더 차분히 봐야 될 것 같은데요. 우선 사망 원인은 기도폐색氣道閉塞이 아닌 것으로 보입니다."

기자는 즉각 되물었다.

"왜 그렇게 생각하시는지요?"

사람이 사망하거나 가사假死 상태에 빠지게 되면 근육이 이완되면서 축 늘어진다. 몸속 근육도 마찬가지다. 사망하게 되면 항문을 조이던 근육이 이완되면서 변이 나오게 되고, 남성의 경우에는 정액이 나오는 수도 있다. 식도와 위 사이를 조이던 근육도 마찬가지다. 살아 있을 때에는 잘 유지되어 역류를 막다가 사망하면서 풀린다.

따라서 사망자나 가사자의 가슴을 누르는 심폐소생술

의 과정에서 그리고 심지어 구급대가 옮기는 과정에서, 위에 남아 있던 음식물이 식도로 넘어와 입 안에서 보일 때도 있다. 일부에서는 과음한 사람들이 구토 도중 음식물이 기도로 넘어오는 바람에 사망한다고 알고 있지만, 실제로는 술에 의한 급성 알코올 중독으로 사망 후 음식물이 식도로 넘어와 입 안에서 음식물이 관찰되는 경우가 훨씬 많다.

이번 피해자도 그럴 가능성이 높고 실제로 손상에 의해 사망했을 것이며, 임상 의사나 부검의가 그 점을 간과했을 것이라고 대답했다. 기자가 벌떡 일어서는 것이 전화기를 통해서도 느껴졌다.

"지금 당장……. 아니 시간이 벌써. 혹시 전화 인터뷰 가능하신지요?"

급하게 인터뷰를 시작했다.

"외상성 쇼크의 주요 원인은 순환혈액감소성쇼크인 경우가 가장 많습니다. 예를 들어 주먹 크기로 조직이 좌멸, 즉 으깨져 있으면 순환혈액량의 약 10퍼센트를 잃은 것에 해당하고, 따라서 넓은 부위에 조직 좌멸이 있다면 쉽게 쇼크에 빠질 수 있습니다. 이번 사건도 기도 질식에 의한 가능성보다 그쪽의 가능성이 높다고 판단합니다."

학술적으로 그리고 최대한 객관적으로 이야기했지만, 9시 뉴스에는 결론 부분만 나왔다. 이후 우여곡절 끝에 군 검찰의 추가 조사가 실시되었다. 군 검찰에서도 내 진술을 받아갔다. 그들은 신중했다. 처음에 기도 질식이라고 판단한 의사가 악의적인 오역을 한 것은 아니라고 본다. 해석에서 처음 진술한 가해자 병사의 말이 그들의 결정을 오염시켰다고 본다. 그리고 군 검찰은 의사들의 말을 적극적으로 수용했을 것이다.

이후 〈그것이 알고 싶다〉에서 자세히 밝혀진 진실은 부검 사진보다 참혹했다. 가해자 병사들의 폭행은 흔히 말하는 '상상 이상'이라는 표현만으로는 부족했다. 말이 느리다고, 물을 다 먹지 않았다고 폭력이 가해졌다. 폭행에 의해 소변을 보면서 의식을 잃은 피해자에게 또 다시 꾀병이라고 폭력이 가해졌다. 그 상황이 윤 일병에게 얼마나 공포스러웠을지 사진을 통해 전달되었다.

의사가 아닌 살인자가 되다

만삭의 임신부가 자신의 집 욕조에서 쓰러져 사망한 사건이 발생했다. 그의 남편은 경제적으로 매우 어려운 가정에서 자랐다. 헌신적인 어머니의 희생을 헛되지 않게 열심히 공부해 명문대 의과대학을 입학했다. 졸업하고 인턴을 거치면서 어린아이를 좋아하는 천성을 살펴 소아과를 지망했고 합격했다.

그리고 웃음이 싱그러운 활달한 여성을 만나 결혼했다. 그의 앞길은 순탄해 보였다. 레지던트 생활에서 그는 평범했다. 튀지 않는 그의 성격이 직장 생활에서도 그대로 유지되었다. 그러다 레지던트 4년차 마지막에 전문의 시험을 위해 환자를 보지 않는 암묵적인 휴가 기간에 들어서자 그는 컴퓨터 게임에 빠져들었다.

설마 전문의 시험에 떨어지랴 하는 생각이었다. 전문의 시험의 합격률은 대개 90퍼센트 이상이다. 그러나 그해 그가 치른 소아과 전문의 시험은 예상과 달리 매우 어려웠다. 전문의 1차 시험에서 소아과 합격자를 한 명도 배출하지 못한 수련 병원이 전체의 24퍼센트에 달할 정도였으며 전체 합격률은 50퍼센트 남짓이었다.

의학 전문 언론에서는 "주변에서 말리는 것을 뿌리치고 소아청소년과에 소신 지원했는데, 미리 세워둔 계획들이 모두 물거품이 되어버렸다며 참담한 심정을 토로했다"와 같은 기사가 빗발치듯 나왔다. 의료계 일각에서는 재시험 등 탈락자 구제를 위한 방안을 내놓아야 한다는 목소리도 나왔다.

그도 시험을 잘 못 봤다. 아무도 예상하지 못한 결과였다. 그의 아내는 당시 만삭 상태였다. 그가 공부를 열심히 안 한 것은 아니라는 것은 아내도 알았다. 그러나 불합격일 경우 공보의로 군대를 대신 가야 하고, 이 경우 서울을 떠나게 되어 아이 양육과 아내 직장 문제 등이 발생하기에 부부 사이에 갈등이 유발되었다. 더욱이 그는 공부 기간에 짬짬이 하던 컴퓨터 게임을 여전히 지속적으로 하며 일절 말을 하지 않았다.

그렇게 1차 시험을 잘 보지 못한 다음 날 남편은 아침 일찍 집을 나서 학교 도서관으로 향했다. 사실 2차 시험은 실기이기에 도서관에서 공부할 필요가 없었지만 그는 하루 종일 도서관에 있었다. 당시 딸이 만삭인 상태이기에 거의 매일 전화를 하던 아내의 어머니는 딸에게 전화를 걸었으나 하루 종일 통화가 되지 않았다. 사위에게 전화를 했으나 그 또한 전화를 받지 않았다.

남편은 저녁이 되어 도서관에서 돌아왔다. 집에 들어가서 보니 아내가 빈 욕조에 누워 있었다. 남편은 경찰에 신고를 했고, 출동한 경찰은 만삭의 임신부가 욕조에 엉거주춤하게 누워 사망한 상태를 확인했다.

수사관은 곧 아내의 죽음 원인을 밝혀내기 위해 국과수에 부검을 의뢰했다. 국과수의 법의관은 선배들의 조언을 받아 꼼꼼히 검시를 진행했다. 눈꺼풀의 결막은 점출혈이 뭉친 출혈반이 보였다. 목 주변에는 손가락 끝으로 누른 듯한 흔적이 발견되었다. 절개해보니 목과 턱에 근육 출혈도 광범위하게 관찰되었다. 손으로 목을 누른 질식사, 즉 액사扼死라고 판단할 수밖에 없었다.

그밖에 정수리 두피 아래에도 출혈이 있었다. 아마도 정수리를 어디에 부딪쳤을 것이라고 판단했지만 사망할 만한 손상은 아니었다. 경찰은 바빠졌다. 사망 원인은 액사, 즉 타인의 손에 의해 목이 졸린 것이었다.

집은 오피스텔이었다. CCTV에 누군가 출입한 흔적은 없었다. 의혹의 시선은 당연히 남편에게 쏠렸다. 그는 혐의를 완강히 부인했다. 그럴 이유가 전혀 없고 부부 사이는 좋았다고 주장했다. 그러나 그의 몸 여러 군데에 긁힌 자국이 있었다. 그는 머리에 긁힌 자국은 찬장에 스쳤으며, 팔에 있는 자국은 자신이 아토피가 있어 긁은 자국이라고 주장했다. 아내의 손톱에서는 그의 유전자가 검출되었다. 그러나 등을 긁어주어서 검출될 수도 있으므로 부부 사이에 그 두 가지는 결정적 증거가 될 수 없었다.

수사 기관은 거짓말 탐지기를 의뢰했다. 부부 싸움을 했는지, 아내를 폭행한 적이 있는지, 아내를 살해했는지에 대한 거짓말 탐지기 질문에서 모두 거짓 반응이 나왔다. 그는 자백을 강요하는 분위기에서 압박을 받아 거짓말 탐지기는 신뢰성이 없다고 주장했다. 국내 법의학자에게 자문을 구하기도 했으나 법의학자 모두 사망 원인이 액사라는 국과수의 판단을 신뢰했다.

다급해진 그의 변호사는 캐나다 법의학자 마이클 스벤 폴라넨[Michael Sven Pollanen]에게 연락을 취했다. 마이클 스벤 폴라넨은 캐나다 토론토대학 법의학 교수로 2018년 현재 국제법의학회 회장일 정도로 명성이 높은 법의학자다. 특히 그의 연구 중에는 시신을 기증받아 거꾸로 자세를 취치하게 했더니 목에 출혈이 나타나 마치 목을 조르는 것처럼 보여 병리학적 검사가 필수라는 논문이 있었다. 무죄를 주장하는 그에게는 구세주일 수도 있었다.

더욱이 1996년 '치과 모녀 살인 사건' 때 스위스 법의학자가 국내 법의학자를 패퇴시킨 기억은 더욱 그의 무죄 가능성을 높였다. 두 사건은 피의자가 의사인 점, 해외 법의학자와 국내 법의학자 간의 공방이 있었다는 점에서 유사했다. 치과 모녀 살인 사건은 당시 1~2심에서는 피의자에 유죄가 선고되었으나 대법원에서는 무죄로 선고되어 판결이 뒤집혔다.

검찰에서는 국과수뿐만 아니라 서울대학교와 경북대학교에 감정을 요청했다. 이때 스승인 이윤성 교수는 모든 자료를 면밀히 살폈고 여러 가지 경우의 수를 추론했다. 그리고 그의 결론 또한 액사였다.

재판이 시작되었다. 마이클 스벤 폴라넨 교수는 일주일간의 여정으로 한국에 입국했다. 그의 변호인은 통역을 대동하고 재판에 참여했다. 외국 법의학자의 주장은 논문 그대로였다. 같이 온 통역이 의학 용어를 이해하지 못해 제대로 전달하지 못하자 보다 못한 경북대학교 교수가 대신 통역을 하는 해프닝도 있었다. 그는 아내가 욕조에 누워 있는 자세를 통해 목의 출혈은 시체 얼룩, 즉 시반屍斑일 가능성이 있으며, 사망 원인으로 체위성 질식의 가능성을 살펴봐야 한다고 주장했다.

나는 이윤성 교수를 도와 그 점을 충분히 검증해 반론을 준비한 후 재판에서 펼쳤다. 국과수에서 추후 준비한 목 근육 출혈의 병리학적 검사 또한 제시했다. 재판에서의 논쟁은 아침에 시작해 밤늦게까지 계속되었다. 판사는 자칫 이해하기 어려운 부분을 놓치지 않고 끝까지 되물었다. 오랜 재판 끝에 외국 법의학자의 항복과 유사한 말을 이끌어냈다.

자신은 모든 자료를 보지 못했고 와서 보니 주장을 계속하기 어려운 점이 있다는 완곡한 표현이었다. 재판은 이후 법의학을 제외한 여러 관점에서 진행되었다. 최종적으로 남편의 살인 혐의에 대해서는 유죄가 선고되었으며, 다시 복잡한 항소, 재항소심을 거치며 20년형이 확정되었다.

저항 없는 타살, 이유 있는 자살

주변 사람들은 부부의 금실을 부러워했다. 아들 하나를 금이야 옥이야 키우면서 큰소리가 나는 싸움 한 번 하지 않은 사이였다. 남편은 성실했고 작은 중소기업을 정년까지 다녔다. 평생을 모아 장만한 작은 평수의 서울 시내 아파트는 부부 인생에서 노력의 결실이었다. 빚 없이, 작지만 알찬 저축도 가지고 있었다. 하지만 부부는 은퇴 후에도 일을 할 작정이었다.

아들은 이러한 부모를 답답해하고 안쓰러워했다. 큰돈을 모아 부모를 쉬게 해주고 싶었고, 자신도 이러한 쳇바퀴 같은 인생에서 벗어나고 싶었다. 아들은 아버지가 다녔었던 직장과 유사한 작은 기업의 대리직을 사직하고 그동안 구상해두었던 사업을 위해 이곳저곳에서 돈을 끌어댔다. 사업은 처음부터 잘되지 않았다. 불과 1년여 만에 부모가 평생 모은 집과 저축은 흔적도 없이 사라졌고, 자신과 부모 모두가 큰 빚을 지게 되었다.

늘 그렇듯 불행의 그림자는 한 겹이 아니었다. 아내는 우울해졌으며 급격하게 건강이 나빠졌다. 아마도 아들의 실패와 그들 평생의 결실인 아파트를 떠나 지하 방으로 이사하게 된 스트레스가 영향을 주었을 것이다. 탈출구가 보이지 않는 인생의 막판에서 부부는 아내의 상해보험 몇 개를 들었다. 상해보험은 우연한 사고로 신체에 상해를 입은 경우에 보상을 받게 되는 보험이었는데, 상해로 인한 사망 보장도 꽤나 큰돈이 보상되는 조건이었다. 몇 개월이 지났고 보험금은 꼬박꼬박 납입되었다.

어느 날 부부는 서울 시내에 위치한 산을 올라가는 산책로에서 한참 떨어진 으슥한 곳에서 사망한 상태로 발견되었다. 현장은 특이했다. 아내는 풀이 깔린 널찍한 곳에서 양 손목이 묶인 채 목이 졸려 사망했다. 조금 떨어져 남편은 나무에 목을 맨 채로 발견되었다. 남편의 주머니에는 자신이 큰 죄를 저질렀다며 하늘에 용서를 구하는 유서가 들어 있었다.

경찰은 부검을 의뢰했다. 부검 결과 남편은 스스로 나무에 목을 맨 것으로 밝혀졌다. 목 전체를 두르는 하나의 끈 자국이 목 뒤에서 현수점을 형성하며 위쪽으로 올라가는 전형적인 형태였다. 사망 종류를 자살로 판단할 수 있었다.

이와 달리 아내의 목에서는 목 전체를 평평하게 두르는 끈 자국이 특징인 목이 졸린 흔적, 교흔絞痕이 전체적으로 보였다. 그런데 목의 끈 자국이 한 줄로 너무나 일정했다. 일반적으로 타인에 의한 목 조름에서는 격렬하게 몸을 움직여 반항하는 것이 본능적이며 그럴 경우 목의 끈 자국이 불규칙한 형태로 나타나며 목 내부에서 타인에 의해 끈으로 목이 졸릴 때 발생하는 근육의 출혈이 심하게 확인된다. 그런데 아내 목의 끈 자국은 일정한 깊이였고 확연한 저항의 흔적이 없어 내부 목 근육의 출혈도 일반적인 교사絞死의 경우보다 매우 적었다.

한편 아내의 양 손목에는 억압의 흔적으로 볼 수 있는 묶인 자국이 있었다. 그러나 그 손목의 끈 자국은 손목에 손수건을 대어 희미했다. 즉 끈이 손목을 조일 때 아프지 않게 한 것이다. 일반적이지 않은 소견이었다. 종합적으로 사망 종류를 결정한다면 남편은 자살, 아내는 타살이었다. 그렇지만 촉탁살인囑託殺人의 가능성이 매우 높았다.

평소 사이가 좋았던 부부 관계를 여러 사람이 증명했으며, 최근 건강이 나빠진 상황에서 상해보험을 여러 개 가입한 정황이 있었다. 이와 함께 목을 조르는 행위에서 최소한의 방어흔이 없었고, 목에 저항 흔적이 거의 없었다는 점에서 촉탁살인의 가능성을 배척하기는 매우 곤란하다고 판단했다.

그러나 남편은 자신의 목숨을 끊어 이를 영원히 증명할 수 없게 했다. 아마도 자신들의 마지막 희생으로 사랑하는 자식을 행복하게 해줘야겠다는 의무와 책임이 부부에게 있었던 것이리라.

이처럼 법의학자는 어쩔 수 없이 시신을 통해 자살을 마주하기도 한다. 자살은 개인의 내밀한 결정이기도 하지만 사회적 흐름과 무관할 수 없는 사회적 현상이기도 하다.

Q 묻고

답하기 A

1. 법의학자는 의학 및 과학 전반에 대한 높은 이해가 필요하다고 여겨지는데, 의과대학 법의학교실에서는 어떤 학문들을 공부하는가?

법의학자는 법률의 시행에 도움이 되거나 적용 가능한 의학 및 과학 지식을 제공해야 하는 상황이 많다. 따라서 최신 의학 및 과학 전반에 대한 끊임없는 공부가 필요하다. 이를 위해 의과대학 법의학교실에서는 각 교수에 따라 세부 전공 분야를 정해 다양한 연구를 진행한다.

우선 법의학 분야 중 법의병리학은 부검을 통해 획득한 조직에 대한 정보를 연구한다. 이해를 위해 최근에 한 연구 몇 가지를 소개하겠다.

건강해 보이던 1세 미만의 아이가 갑자기 사망했을 경우 이를 영아돌연사증후군이라고 한다. 이 경우 가족은 그 슬픔이 매우 크지만 정확한 사인이 무엇인지 알기 위해 부검을 실시한다.

이와 관련해 법의병리학 분야에서는 약 13년간 국내에서 시행한 영아돌연사 부검례를 모두 찾아 각 상황을 분석해 국내에서 발생하는 영아돌연사증후군의 큰 원인이 무엇인지 조사했다.

그 결과 우리나라는 다른 나라보다 잠자리에서 수면 중에 죽는 경우가 많다는 것을 발견했다. 그리고 여기에는 소위 아이와 침구를 함께 사용하는 베드셰어링bed-sharing의 빈도가 높다는 것을 발표했다. 그리고 당시 부검에서 추가적인 검사를 위해 채취한 심장 조직을 통해 부정맥 질환과 관련성 여부를 200례 대상으로 하여 유전자 돌연변이 실험을 진행해 발표했다.

2018년에는 사우나에서 급사해 부검한 사례를 약 10년간 모아 사우나 사망에서의 위험 인자를 규명하는 연구를 진행해 발표했다. 또한 자살과 알코올과의 관계 규명을 실제 1년간 국내에서 시행한 부검례를 모두 모아 발표하기도 했다. 이렇듯 법의병리학 분야에서는 부검을 통해 특정 사망 원인의 위험 인자를 분석하거나 실험해 유전적 돌연변이 등을 연구한다.

한편 법의유전학 분야에서는 개인 식별에 대한 연구가 주를 이룬다. 사건 현장 등에서 발견된 체액 등을 분석해 사건 관련 인들과 비교해 누구의 것인지를 알아내는 것은 통상적인 일이다.

여기에 더 나아가 서울대학교 법의학교실의 교수진들은 체액만으로 연령을 추정하거나, 타고난 머리카락이나 눈동자의 색이 무엇인지를 감별하는 방법을 연구 중이다. 체액만으로 인종을 구별하는 연구는 이미 알려져 있지만 이에 더해 유전자 특성을 통해 한국인인지, 일본인 또는 중국인인지 등의 국적 감별 가능 여부에 관해서도 연구하는 것이다.

특히 서울대학교 법의학연구소의 연구진은 시신 중에서도, 미라에 대한 연구를 진행하고 있다. 미라는 이집트에만 있다고 생각할 수도 있지만, 실제 시신은 서늘하고 건조한 환경이라면 부패하지 않고 미라화된다. 우연히 발견된 관 속에서 미라가 된 시신을 통해 누구인지, 그리고 언제 사망한 것인지를 동정할 뿐만 아니라 당시 어떤 질병에 시달렸으며 그 질병은 현재와 어떻게 다른지 등의 사항, 그리고 어떤 음식을 먹고 살았는지를 연구하기도 한다.

2. 부검 후에 작성하는 소견서인 부검 감정서에는 어떤 내용이 포함되는가?

부검은 다음과 같은 과정으로 진행된다. 우선 경찰과 유가족과의 면담을 통해 사망이 발생한 상황에 대한 초동 수사 결과나 소견을 듣는다. 이를 생략할 경우 잘못된 관점에서 부검을 하여 잘못된 결과가 나올 수도 있기에 이러한 과정은 부검을 실시하기 전에 반드시 필요하다.

또한 경찰과의 면담뿐만 아니라 사망 현장의 사진과 1차 수사 기록을 읽게 되는데, 이때 많은 시간을 할애한다. 부검은 이처럼 사망 현장과 상황에 대한 충분한 정보를 파악한 후 들어가게 된다.

부검에서는 해부를 통해 맨눈으로 시신의 상태와 질병이 어떠한지 확인하는 작업을 진행한다. 부검이 끝나면 1차 결과가 나오는데 이는 맨눈으로 본 소견으로, 경험 많은 법의학자라고 할지라도 적확한 사망 원인의 판단을 위해서는 이후에도 추가적으로 많은 검사를 실시해야 한다.

우선 맨눈으로 확인한 질병이나 손상으로 보이는 부분에 대해 현미경으로 꼼꼼히 관찰하는 병리학적 검사를 실시한다. 법의학자의 대부분이 병리 전문의인 이유도 이처럼 현미경을 통한 검사를 할 수 있어야 하기 때문이다.

또한 부검을 통해 얻은 혈액과 소변 등의 체액을 통해 약독물과 알코올 검사를 진행하며, 사망한 사람의 혈액이나 뼈를 통해 유전자 검사도 함께 실시한다. 만약 여성일 경우 성폭행 등을 고려할 상황이라면 생식기 내 체액을 채취해 유전자 검사를 실시한다.

이를 통해 앞서 언급한 모든 정보를 포함해 부검 감정서를 작성한다. 사망 상황과 현장에 대한 기술을 하고, 맨눈으로 봤을 때 관찰된 질병이나 손상의 소견과 함께 실제 현미경으로 미세하게 관찰된 사항에 대해서도 기록한다. 또한 혈액, 소변 및 눈 유리체액에서의 알코올, 약물 및 독극물 등의 검사와 유전자 검사 등 실시된 모든 검사 결과를 기록한다.

최종적으로는 이러한 소견을 모두 통합해 사망에 이르게 된 원인을 제시하고 어떠한 논리적 과정에서 이를 도출했는지 기술한다. 이러한 최종 부검 감정서는 앞서 언급한 모든 검사가 완전히 끝난 후에 작성하므로 15~20일 정도가 소요된

다. 그러나 만약 의료사고라면 시간이 더 걸릴 수
도 있는데, 최첨단 의료 기술이 사용되었을 경우
해석을 위한 공부가 필요하기 때문이다.

---

3. 시체에 붙은 곤충의 습성을 통해 죽
음의 원인을 밝혀내는 법의곤충학처럼
부검을 위한 과학적 방법에는 어떤 것
들이 있는가?

법의곤충학에서는 시체에 붙어 있거나 그 주변에
있는 곤충의 종류와 발달 정도에 따라 사망 시각
을 추정한다. 이러한 법의곤충학 이외에도 부검
에서 함께 실시되는 과학적 방법에는 알코올 및
약독물 분석, 유전자 분석, 조직병리학 및 플랑크
톤 분석 등이 있다.
　　우선 알코올과 약독물 분석은 가스 크로마토
그래피–질량분석기Gas Chromatography-Mass Spectrometry
또는 고성능 액체High Performance Liquid 크로마토그래피-질량분석기를 이용해 실시한다. 이는 프로 스포츠 선수가 받는 도핑 테스트에도 사용하는 기계다.

유전자 분석은 PCR^{Polymerase Chain Reaction}이라는 유전자 증폭 기계를 이용해 실시하는데, 이는 모든 질병을 분석할 때 그 진행 과정이 동일하다.

한편 조직병리학 검사는 아주 오래된 전통적인 검사 방법인데 신체 조직의 일부를 매우 얇게 채취해 염색한 후 현미경을 통해 분석한다. 보통 우리가 내과 등에서 내시경 후 조직 검사 소견을 듣는 과정과 같은 방식이다.

그리고 익사에서 반드시 실시하는 플랑크톤 검사는 약 80여 년 전에 그 실험 방법이 확립되었다. 폐, 심장, 콩팥, 간의 일부를 끓이고 강염기 또는 강산 처리 후 남는 규조류硅藻類라는 생물의 종류를 현미경으로 검사한다.

최근 법의학에서 실시되는 가장 업데이트된 검사는 사망 후의 CT^{Computed Tomography}나 MRI^{Magnetic Resonance Imaging} 검사다. CT나 MRI는 보통 질병의

진단을 위해 살아 있는 사람에게 실시하는 것이라고 생각하기 쉽지만, 부검을 실시하기 전 진단을 위해 촬영하기도 한다.

우리나라에는 사후 CT 기계가 서울 국과수에 단 한 대만이 존재하나, 미국, 일본, 독일 및 호주 등의 선진국에는 각 대학마다 또는 각 연구소마다 구비되어 있어 활발한 검사가 이루어지고 있다.

2부

우리는

왜

죽는가

죽음은 개인의 권리와 함께 사회의 윤리와도 맞닿아 있다. 더불어 사는 세상에서 모든 삶은 함께 존중받고 보살펴져야 한다. 각자의 죽음이 삶과의 아름다운 이별이 되기 위해서 우리는 개인을 넘어선 사회적 노력이 절실함을 깨우쳐야 한다.

세상에서 가장 뜨거운 논쟁, '생명의 시작'

언제부터 사람일까?

죽음을 과학적으로 이해하기 위해서는 생명의 시작을 이야기하지 않을 수 없다. 그리고 이를 위해서는 생명이란 무엇인가에 대한 설명이 선행되어야 한다. 물리학자, 화학자 및 생명과학자 등 다양한 학자들이 각각 정의한 생명을 다음과 같이 간단히 요약할 수 있다.

생명체는 잘 조직화되어 발달의 과정을 겪는데, 물질대사 및 번식을 통해 자신의 유전자를 전달하며, 외부 환경에 대한 반응 및 적응을 통해 항상성을 유지하지만 점진적으로 진화나 변화의 과정을 겪는 존재다.

그렇다면 도대체 언제부터 사람으로 인정받는 것일까? 히포크라테스 선서와 가톨릭교회에서는 수태된 때부터라고 한다. 수태란 수정란이 자궁벽에 달라붙는 착상이 된 것을 말한다. 그러니까 가톨릭에서는 배아 상태를 생명, 즉 넓게 보면 사람이라고 봐서 줄기세포 연구를 반대하는 것이다. 생태근본주의자들은 정자와 난자가 만나는 그 순간부터, 즉 수정란도 생명이며 따라서 배아를 가지고 한 실험은 생명 살해 행위라고 규정하기도 한다.

그래서 일본의 과학자 야마나카 신야山中伸弥 박사의 유도만능 줄기세포induced pluripotent stem cell는 그러한 논쟁에서 자유로운 줄기세포 연구 영역을 만들었다. 조금 어려운 이야기인데, 유도만능 줄기세포란 정자, 난자 필요 없이 체세포에서 그냥 뚝 떼어서 분화시킬 수 있는 세포다. 야마나카 신야 박사는 이를 개발한 공로로 2012년 노벨 생리의학상을 받았다.

이처럼 가톨릭교회 등에서는 사람의 시기始期를 수태된 때부터라고 보지만, 법적으로는 이와 다르다. 법적으로는 크게 민법과 형법이 있는데 형법에서 적용하는 대표적인 학설은 진통설이다. 형법은 어떠한 행위의 범죄 처벌 여부

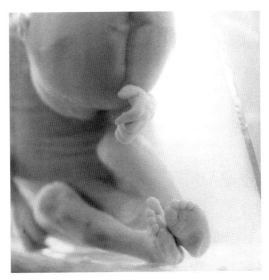

가톨릭교회에서는 수태를, 법에서는 진통의 시작을 생명의 기준으로 삼는다.

와 그 처분의 정도나 종류를 규정한 법으로, 진통이 있다면 그때부터 사람으로 보아 법을 적용할 수 있다. 만약 진통 전의 태아를 사망하게 하면 살인죄가 아닌 낙태죄를 적용하게 된다. 그러나 진통이란 여성의 자궁 경부가 열리면서 아기가 머리를 내밀기 전에 이미 시작된다. 따라서 만일 그때 누군가가 아기를 해했다면 살인죄가 되는 것이다.

민법에서는 또 다르다. 민법은 사람의 권리와 의무를 지우는 법이다. 예를 들어 언제부터 내가 내 손자나 자식에게 재산을 물려줄 수 있는지는 민법에 따라 결정한다. 민법에서는 아기가 자궁 경부를 통해 완전하게 신체를 노출했을 때부터를 사람으로 본다. 이처럼 민법과 형법에서 적용하는 학설은 약간 다르며 관련 학설 또한 진통설, 일부노출설, 전부노출설, 독립호흡설 등 여러 가지다.

이렇듯 언제부터 사람으로 볼 것이냐 하는 문제는 굉장히 까다롭고 어려운 문제다. 그래도 언제부터 사람인지를 알아야 죽음 또한 명확해질 터이기에 논쟁은 계속 이어지게 될 것이다.

모든 삶은 신비로 가득 찬 기적

그렇다면 과학에서는 생명의 시작을 어떻게 볼까? 예전에는 인간이 태어나고 죽는 것을 구분하기가 매우 간단했다. 아기가 엄마 배 속에서 나와 울음을 터뜨리는 순간 우리는 아기가 태어났다고 생각했고, 나이 들어 눈을 감으면 그때 죽었다고 생각했다. 어려운 문제가 아니었다. 그런데 지금은 삶의 시작이 언제인지, 죽음의 순간이 언제인지 정확히 알 수 없게 되었고, 이에 따라 혼란이 가중되었다.

생물학적으로 인간 탄생의 여정은 이렇다. 여성의 생리 주기에서 마지막 월경이 있은 후 대개 2주 뒤에 배란이 일어나게 되고 이때 남녀가 사랑을 나누면 남성의 정자가 여성의 난자 속으로 들어오게 된다. 예전에는 이때 무수한 정자 중에서 행동이 빠르고 힘센, 즉 1등 하는 정자가 난자와 결합한다고 생각했는데, 사실은 그것이 아니다.

정자는 일종의 팀을 짜서 움직인다고 알려져 있다. 즉 다른 무수한 정자의 희생으로 하나의 정자가 기회를 얻는 것이다. 그렇게 해서 여성의 난관, 나팔관에서 수정이 이루어지는데 그 후 수정된 난자와 정자가 다시 자궁 쪽으로 돌아가는 데 대략 일주일 정도가 걸린다.

수정된 정자와 난자의 움직임은 유튜브 영상으로도 확인해볼 수 있는데 일주일을 두고 자궁으로 천천히 움직이면서 2개, 4개, 8개, 이렇게 반반씩 쪼개지면서 수정란이 되고 그다음에 자궁에 딱 붙게 되는 것이다. 그런데 이때 자궁벽에 잘 붙지 못하고 그냥 쓰러지는 수정란이 절반이 넘는다.

이렇듯 임신이 된다는 것은 생각보다 힘든 일이다. 수정이 되어 자궁에 붙은 후에도 임신 초기에 자궁벽에서 떨어져 그냥 쓸려나가는 경우가 더 많다. 결국 임신 8주 정도까지는 유산 가능성이 높아서 여성 스스로도 임신한 줄 모르고 있다가 유산하는 경우도 많다.

그래서 우리 모두의 생명은 사실상 기적이라고 할 수 있다. 태어난 것 자체가 그렇다는 말이다. 우리들은 엄청난 불가능성의 가능성으로 태어난 생명이며, 그렇기에 굉장히 신비로운 존재다.

논란의 중심에 선 '생명의 목적'

임신 8주차가 되면 수정란에서 나중에 손과 발이 되는 싹bud이 나오기 시작하는데, 그때부터 우리는 그것을 태아라고 부른다. 혹시 아기 초음파 사진을 본 적 있는 사람들은 알 것이다. 맨 처음에 동그랗던 모양이 갈라지면서 척추가 되고 거기서 양쪽으로 손발 같은 것이 조금씩 나온다. 이때가 태아 상태인데, 문제는 이 생명체, 즉 태아를 인위적으로 사망하게 하면 현재 문제가 되고 있는 낙태죄가 성립된다는 것이다.

배아 상태는 분명 생명이기는 하지만 사람은 아니다. 그런데 사람을 죽인 것과 같은 죄를 묻는다는 것이다. 황우석

박사 사태 당시에도 문제가 되었던 것이 배아의 생명성이었다. 당시 연구팀은 건강한 여성의 난자와 정자를 합친 수정란을 만들어 스템셀stem cell이라고 부르는 줄기세포를 얻어냈다. 그들은 이를 어디에 쓰려고 했을까?

만약 간이 안 좋아서 간 이식이 필요한 사람이라면 간을 이식해줄 사람을 찾아야 하고 또 심장이나 췌장이 안 좋으면 그에 맞는 장기를 이식해줄 사람을 찾아야 하는데 그것이 어디 쉬운 일인가. 그런데 만약 줄기세포로 장기를 키울 수 있다면, 그 장기를 이식할 수 있다면 너무 좋을 것 아닌가.

내 몸에 맞춤한 장기를 쉽게 얻을 수 있으니 이것은 거의 기적의 의술이 되는 것이다. 만약 허리를 다쳐서 걷지 못하는 상태인 사람에게 줄기세포 이식을 하면 줄기세포는 엄마 배 속의 수정란처럼 무엇으로도 다 분화가 되므로 척추가 새로 자라나게 되며, 이로써 일어나서 걸을 수 있다는 희망을 가졌던 것이다. 줄기세포 연구는 그러한 목적으로 진행되었다.

그런데 이렇듯 희망 가득했던 줄기세포는 윤리적 문제에 맞닥뜨리게 된다. 여성 난자 채취의 윤리적 문제를 차치하더라도 이 배아 상태의 줄기세포를 두고 생명이냐 아니냐의 논쟁이 생겨난 것이다. 하지만 이 문제는 사람의 가치관에 따라, 보는 시각에 따라 모두 다른 결론이 나오는 만큼 토론 자체도 매우 어렵다.

이를 생명이라고 생각하는 사람은 정자와 난자가 만나서 수정란이 되었고 이미 분화가 시작된 배아를 어떻게 휴지통에 버리고, 수돗물에 쓸려버리기도 하는 등 소모품으로 다루느냐고 목소리를 높인다. 반면에 과학적 발전을 위해서는 그리고 먼 훗날 인류의 복지를 위해서는 그 정도의 실험이 불가피하게 필요하다는 입장을 갖는 사람도 있다. 이 두 입장의 대립은 대단히 첨예하다.

조금 어려운 이야기인데 미토콘드리아mitochondria라는 것이 있다. 미토콘드리아는 힘을 내는 물질인 ATPAdenosine Tri-Phosphate를 만드는 세포 내의 소기관이라고 할 수 있는데, 어머니의 난자에 아버지의 정자가 들어오면서 정자의 꼬리가 잘릴 때 그 꼬리에 있던 미토콘드리아도 함께 잘려버린다. 그러니까 우리 몸에 있는 미토콘드리아는 결국 어머니의 것일 수밖에 없다.

그런데 어머니의 미토콘드리아를 아들에게 물려줬을 때 만약에 병을 일으킨다면, 즉 딸을 낳으면 괜찮은데 아들을 낳으면 그 미토콘드리아에 뭔가 문제가 있어서 질병에 시달리다가 결국 조기에 사망하는 병이 생길 수도 있다. 그러한 병이 일일이 언급할 수 없을 만큼 많은데, 참으로 안타까운 일이다.

그래서 어머니의 미토콘드리아를 빼고 다른 여성의 핵을 제외한 세포질을 넣어주는 등의 방법을 강구하는 등 미토콘드리아에 관련한 질병을 해결하려는 노력의 일환으로 줄기세포에 대한 연구가 진행된 측면도 있다. 그러나 이는 윤리적인 문제에서 아직 자유롭지 못하며, 더욱이 어머니의 세포질을 완전히 제거한다고 해도 미토콘드리아가 남아 있는 등 복잡한 과학적 문제는 여전히 존재하게 된다.

최근에는 합성 생물, 인간 배아 유전체 편집 등의 생명과학의 눈부신 발달로 생명의 정의를 둘러싼 논의가 폭발하고 있다. 이렇듯 생명에 대한 과학적 논쟁은 여전히 진행 중이며 앞으로의 과학 발전사를 놓고 봤을 때도 불가피한 과정인 것이다.

죽음의 과학적 이해

죽음의 변천사

죽음은 시대와 장소에 따라서 다른 형태의 의미를 부여받는다. 그래서 사실상 한 시대의 문화와 종교의 백그라운드를 이루고 있는 것이 죽음이 아닐까 싶기도 하다.

인간의 영적 나들이라고도 할 수 있는 단테^{Dante Alighieri}의 『신곡^{La divina commedia}』은 죽어서 지옥에 가고 천국에 가는 것이 이렇게까지 끔찍하게 힘든 일이구나 하는 고통스러운 상념에 빠지게 하면서 동시에 산다는 것, 죽는다는 것의 의미를 새롭게 곱씹게 만든다.

이를 서양의 역사를 중심으로 살펴보면, 가장 오래된 문자 기록을 남긴 고대 메소포타미아인들은 죽음을 실질적

IBVNAL·ᵉ LVSTRAVITQVEANIMO CVNCTA POETA SVO᠊᠊ DOCTVS ADEST DANTE
·POTVIT TANTO MORS SAEVA NOCERE POETAE᠊᠊ QVEM VIVVM VIRTVS CARMEN IM

『신곡』에서 그려진 지옥과 단테.

인 삶의 끝이라고 봤고, 죽음 후의 세계를 '알랄루Arallu'라고 보아 감정이 없는 어두운 지하의 그림자 세계로 묘사했다. 고대 이집트인들은 나일강의 신 오시리스Osiris의 죽음에서 죽음의 전형을 찾고자 했다. 즉 나일강의 홍수로 발생한 범람이 비옥한 토지로 바뀌듯이 인간도 죽음을 통해 영원한 생명을 얻을 수 있다고 봤다.

한편 고대 그리스 로마에서 소크라테스와 플라톤, 에픽테토스Epiktētos는 영혼 불멸론을, 에피쿠로스Epicouros와 루크레티우스Titus Lucretius Carus는 영혼 필멸론을 주장했다. 유신론적 금욕주의자를 추구하는 스토아학파의 대표 철학자로 활동했던 에픽테토스는 영혼의 불멸을 믿었으며 그에 따라 도덕 및 이성에 관심을 기울였다.

반면 에피쿠로스학파는 세계의 모든 사물을 원자들의 집합이라 보는 원자론적 유물론과 쾌락주의를 근간으로 했으며, 창시자인 에피쿠로스는 영혼이 필멸한다고 봤다. 따라서 죽음 이후에 두려워할 대상이 없다는 무신론자의 입장이었다. 에피쿠로스학파의 철학을 담은 교훈시 『사물의 본성에 관하여De rerum natura』를 쓴 루크레티우스 역시 영혼과 육체를 동일시해 죽음에 대한 공포는 없어야 한다고 주장했다.

그러나 기독교가 전파된 고대 로마부터 중세를 지나 근대에 이르기까지는 영혼 불멸설이 압도적으로 우세하게 되었다. 죽은 자들이 돌아올 것을 염려해서 무덤을 숭배하면서도 묘지는 도시의 바깥에 마련하는 풍습이 있었다. 고대 로마 최고最古의 성문법成文法인 12표법에는 다음과 같이 명시되어 있었다.

시신은 어떤 경우에도 도시 안에 매장되거나 태워질 수 없다.

필리프 아리에스Philippe Aries는 『죽음의 역사Essais sur l'histoire de la mort en Occident』와 『죽음 앞의 인간L'homme Devant la Mort』에서 누구의 죽음인지, 죽음에 대해 어떤 태도를 취하는지, 내세의 관념이 어떠한지, 죽음과 악의 관계는 어떠한지에 따라 중세 이후 시대별 죽음을 분류했다.

중세 초기에서 중세 전성기까지는 공동체 사회가 공고히 진행되면서 개인을 독립적 인격이 아닌 공동체의 일부로 간주해 종교적인 부활의 믿음을 근거로 죽음을 제례화했다. 이는 공동체를 더욱 응집시켜 생산 도구로서의 결실에 의한 공동체의 약화를 방지했다.

그러나 중세 전성기에서 르네상스 직전까지 인권이라는 의식이 상승하면서 공동체 구성원으로서의 죽음이 아니라 개인이라는 관점에서 죽음을 바라보게 되었다. 종교 역시 이러한 관점과 함께 변모해 죽음을 개인에 대한 심판이라고 보는 개념과 함께 공동체에 대해 헌신한 개인에게 영생을 보장함으로써 약해지는 공동체 의식을 고양하려는 움직임이 있었다.

이처럼 죽음에 대해서 많은 철학자와 사상가들이 이미 다양한 이야기를 해왔다. 영혼과 육체의 분리, 혼과 백의 해체로도 이야기했으며 서양 종교, 즉 기독교나 이슬람교에서는 천국과 지옥으로, 동양의 불교와 힌두교에서는 해탈과 윤회로 죽음을 표현했다. 모두가 삶 너머에 삶을 지속시키는 세계가 있음을 강조했던 것이다. 이렇듯 많은 문화권 사람들의 의식에서 죽음은 끝이라기보다는 또 다른 세계를 향한 하나의 관문으로 여겨졌다.

이러한 관습은 지금도 여전히 남아 있다. 최근 우리나라에서 1000만 관객을 모은 영화 〈신과 함께〉는 사후 여전히 지속되는 삶에 대해 이야기하며 인기를 모았다.

그러다 르네상스에 들어서면서 개인은 드디어 공동체에서 분리되었다. 이 시대에는 죽음에 대한 공포가 심화되었고 의학, 특히 해부학이 본격적으로 발달하면서 공포와 호기심이 동시에 발생했다. 18세기 말을 지나면서 서구 사회에 낭만주의 풍토가 확산되면서 개인의 죽음에서 사랑하는 이의 죽음에 대한 슬픔의 감정이 확산되었다.

물론 그전에도 인간으로서 당연한 감정이었겠지만, 예술적 감성과 결합되면서 죽음을 공포와 심판의 대상으로 보았던 기존의 관념에서 개인의 아름다움 또는 순수로의 회귀로 해석되기도 하면서 현실이 오히려 지옥으로 묘사되기도 했다. 이 당시 특이한 점은 과학이 함께 발달함에 따라 죽음과 끊을 수 없는 신이라는 관념이 대자연이라는 단어로 대체되기 시작했다는 것이다.

현대사회에서는 과학과 자본주의의 발달로 죽음이 의학의 대상이 되었다. 의사라는 새로운 사제에 의해 마지막 순간이 결정되는 과학의 시대가 온 것이다. 또한 신과의 단절과 실존주의의 대두는 죽음에 대한 신의 심판에 기반된 두려움과는 또 다른 새로운 공포감을 고양하면서 쾌락주의의 대두 등의 복잡한 양상으로 진행되고 있다.

각자가 생각하는 죽음의 모습이 어떻든 우리 시대의 죽음은 우리 시대만이 지닐 수 있는 독특한 풍경을 담고 있다. 그 풍경을 꼼꼼히 들여다보고 그 풍경이 자아내는 사회적 향취를 정확히 감별해내는 일, 그것 또한 법의학자의 일상이다.

죽음의 과학적 의미

죽음은 생명의 대척점에 있는 용어이지만 그 실체를 설명하거나 입증하기는 어렵다. 여러 종교나 철학적 사유에서 이를테면 영혼 등의 존재를 인정하고, 이를 육체와 영혼의 결합과 분리, 즉 삶과 죽음으로 표현하기도 하지만 이는 객관적으로 입증할 수 있는 것이 아니므로 가설과 검증에 익숙한 과학자의 입장에서는 매우 곤혹스러울 때가 있다.

따라서 죽음은 다만 살아 있지 않은 상태로 표현되거나 증명될 수밖에 없다. 과학적으로 인간을 포함한 생명체가 살아 있다는 것은 살아 있는 세포의 총합계로 표현되므로 죽는다는 것도 여러 수준에 걸친 과정을 통해 나타난다고 봐야 한다. 많은 경우 죽음은 보통 어떤 순간에 일어나는 사건으로 표현되나, 사실은 어느 기간에 발생하는 과정으로 이해하는 것이 타당하다. 다만 사회적으로나 법률적으로는 편의상 어느 순간, '몇 날 몇 시 몇 분'에 일어난 사건으로 이해한다.

내적 요인이나 외적 요인이 생체에 작용하면 여러 반응계가 작동해 생체는 동적 평형 상태를 유지하므로 이른바 반응계가 작동한다. 그러나 내적 또는 외적 요인이 생체의 항상성을 유지할 수 있는 능력을 벗어나면 동적 평형 상태는 깨지고 생명 활동은 완전한 정지를 향해 불가역적인 변화를 시작한다. 즉 자극에 대한 반응성이나 운동성은 감소하고 약해져서, 결국에는 대사 기능도 영원히 없어지는 것이다. 이 상태가 과학적으로 설명할 수 있는 죽음permanent cessation of vital reactions of individual이다.

그리고 법의학자는 이러한 사람의 죽음을 세포사, 장기사, 개체사, 법적 사망의 단계로 분류한다. 각각의 자세한 의미는 다음과 같다.

사람의 몸은 특수한 기능과 특징을 갖도록 다양하게 발달하는 분화의 과정을 거친 약 30조 개의 무수히 많은 '세포'로 이루어져 있다. 세포는 핵과 세포질로 나눌 수 있고, 핵 안에는 핵소체核小體를 비롯한 물질들이 있으며, 세포질

안에는 미토콘드리아와 같은 세포질 소기관이 있다. 이러한 소기관은 각각 세포의 본래 기능에 적합한 형태를 갖추고 있는데, 생명을 지니고 있다고 보기는 어렵지만 인체의 형태적 구성단위이자 생명의 기본 단위이다.

분화한 형태와 기능을 가진 같은 종류의 세포는 모여 '조직'을 만드는데, 조직은 체내에 독립적으로 존재하는 것은 아니고 일정한 규칙에 따라 몇몇 조직이 모여 '장기'를 이룬다. 이른바 간, 심장, 폐, 콩팥, 위는 장기의 이름이며, 장기는 특유한 형태와 독자적인 기능을 가진다.

다시 여러 장기 가운데 가깝거나 유사한 기능을 가진 것들이 서로 연결되거나 서로 의존해 '계통'을 이룬다. 그리고 계통을 이룬 모든 장기는 일정한 규칙에 따라 인체라는 독특한 틀 안에 조립되어 하나의 개체를 만든다.

이러한 개체의 죽음에는 우선 전신의 생명 기능이 극도로 약해져서 객관적으로 살아 있다는 징후를 증명하기 어려운 상태인 가사 상태가 선행하게 된다. 순차적으로 주요 장기인 순환계통, 호흡계통, 중추신경계통의 심장, 폐, 뇌 특히 뇌간腦幹 가운데 어느 하나가 불가역적으로 기능을 멈추면 개체는 반드시 생명 활동을 영구히 종지終止하게 되는

데 이를 장기사라 한다.

장기사는 심장의 박동이 종지해 결국 개체가 죽는 심장사, 호흡 정지가 먼저 나타나는 폐사, 뇌 특히 뇌간의 기능이 종지하는 뇌사로 다시 분류하기도 한다. 이 중 심장사와 폐사는 오래전부터 죽음의 정의로서 사용되어 '심장이 멈추었다' '숨을 거두다' 등으로 표현되어왔다.

이렇게 장기가 사망하면 그다음에 세포들이 사망하게 된다. 심장이 멈췄다고 해서 세포가 바로 다 죽는 것은 아니라서 사망 직후에는 각막이라든지 뼈를 이식할 수 있다. 의사들이 임상에서 관용적으로 사용하는 죽음의 판정 기준은 다음과 같다.

▶ 호흡계통 기능의 정지
　- 자발적인 호흡 운동의 정지

▶ 순환계통 기능의 정지
　- 모든 동맥에서 맥박 감지 불가
　- 심장 박동 또는 심장음의 정지
　- 혈압이 측정되지 않으며 인공적 유지 불가

▶ 중추신경계통 기능의 정지
  - 의식이 소실 또는 자극에 대한 반응 상실
  - 각막반사나 동공반사의 소실 등 동공산대瞳孔散大

이러한 장기가 불가역적으로 정지하면 개체로서 생명 활동은 필연적으로 종지하는데 이를 개체사라 한다. 이러한 개체의 죽음은 바로 한 개인의 죽음으로 법적으로나 사회적으로 사망을 일컫는다.

이렇게 사망 판정을 받은 후 동사무소나 지방자치단체에 가서 사망 진단서나 시체 검안서를 내면 사망자의 모든 권리와 의무는 사라지게 되고 사망자로 확정받게 된다. 그리고 이 사망 진단서나 시체 검안서는 대법원과 통계청으로 간다. 대법원에서는 가족 관계를 정리하게 되고 통계청에서는 사망 원인을 조사함으로써 사회적 장치를 만드는 기초 자료로 쓴다. 즉 만약 통계청에서 수집한 사람들의 사망 원인 1위가 암인 경우에는 정부가 암을 예방하고 치료하는 데 국가 예산을 쓸 수 있다는 것이다.

만약 사망 원인 1위가 암이 아닌 심장 질환으로 조사된다면 심장 질환을 예방하고 치료하는 데 가장 많은 국가 예산을 쓸 것이고 자살이 심각한 수준이라면 이에 대한 사회적 안전망을 구축하는 데도 예산을 들여야 할 것이다. 이렇듯 한정된 세금을 운용하는 기초 자료로 사망 원인이 사용되는 것이다.

죽음의 다양한 원인과 형태

앞서 언급했듯이 법의학 중 특히 법의병리학의 역할은 사망 원인과 사망 종류를 판단하는 것이다. 사망 원인이란 '사람을 죽음에 이르게 한 질병, 병적 상태 또는 손상'이다. 즉 죽음에 이르게 한 일련의 이상 상태를 유발한 질병이나 손상을 의미한다. 세계보건기구WHO는 1977년 죽음을 초래했거나 죽음에 기여한 모든 질병, 병적 상태 또는 손상, 그리고 그러한 손상을 일으킨 사고나 폭행을 사망 원인으로 정의했다.

사망 원인은 막연한 추상적 개념이 아니라 생물학적 또는 의학적인 구체적 개념으로 의학적으로 검토되고 과학적으로 타당한 결정이어야 한다. 특히 법의학적으로는 사망 원인의 결정에 죽음에 대한 법적 책임의 유무 또는 책임의 경중 등이 걸려 있어 매우 중요하다. 하나의 시체에 의학적으로 사망 원인이 될 수 있는 질병 또는 손상이 여러 개 있는 경우에 사인을 판정할 때는 사망 원인의 우선, 공동, 경합 또는 공존의 개념을 고려한다.

▶ 우선

한 시체에서 여러 개의 치명적인 상병傷病, 즉 사망 원인이 될 수 있는 정도로 심한 기능적 또는 기질적인 손상, 질병 또는 손상과 질병이 있다면, 어느 것이 더 치명적인지를 판단해야 한다. 대개는 생명 유지에 더 필수적인 장기인 뇌, 심장, 폐의 치명적 손상이 사망 원인으로 우선한다.

그러나 복수의 치명적 상병 가운데 우선순위가 높은 것을 고르기 어려울 때에는 군이 우선순위를 결정해 하나의 사망 원인을 찾으려고 고민할 필요 없이 복수의 사망 원인을 함께 써도 된다. '여러장기부전증多臟器不全症'처럼 모두를 아우르는 진단명은 마지막에 고려한다.

▶ 공동

각각으로는 사망 원인이 될 수 없는 정도의 장애가 한 개체에 두 개 이상 있어, 이들이 공동으로 작용해 비로소 사망 원인이 될 때가 있다. 예를 들어 동맥 여러 개가 동시에 잘려 이들에서 흘린 출혈의 합으로 사망했다면, 'ㅇㅇ동맥, △△동맥 및 ××동맥의 절단으로 인한 실혈'로 사망 원인을 표현한다.

만약 여러 원인이 한 가지 원인에서 비롯했다면, 그 원인을 선행 사인으로 기재한다. 예를 들어 머리와 가슴을 역과(轢過)하는 교통사고로 뇌와 심장이 모두 심각하게 손상을 입었다면, 뇌와 심장 손상 중 어느 것이 더 치명적인지를 고민하기보다는 '보행자 교통사고' '역과 손상'을 빠뜨리지 않도록 해야 한다.

▶ 경합 또는 공존

머리와 심장에 관통 총창을 거의 동시에 받았다면 이들 모두 개체에 대해 당연히 사망 원인이 될 수 있다. 그러나 이 경우 우선순위를 결정하기는 쉽지 않다. 이처럼 하나의 개체에 치명적 상병이 여럿 있어 어느 하나를 사망 원인으로 판정하기 곤란한 경우를 사망 원인의 경합 또는 공존이라 한다.

치명적 상병이 여럿일지라도 실제로는 어느 것이 다른

것에 비해 우선해 사망 원인으로 작용했을 것이므로 엄밀하게 말해 사망 원인의 경합은 있을 수 없고 사망 원인은 하나다. 그러나 이들 장애를 관찰해 사망 원인을 판정하는 과정에서는 공존 또는 경합의 관계에 있어서 우선순위를 결정할 수 없는 경우가 있다.

어쨌든 사망 원인의 경합 또는 공존이라고 표현되는 상태는 결코 단순하지 않으며 각각에서 의학적으로 충분히 검토 후 결정해야 할 것이다.

이처럼 사망 원인이 의학적인 원인이라면 사망 종류는 법률적인 원인이라 할 수 있다. 법의학에서 사망 종류를 정하는 일은 그 죽음에 대한 상황을 최종적으로 결정하는 일이 아니다. 다만 의학적으로 사망 상황에 대한 종합 의견을 제시할 뿐이다.

따라서 법의학이 결정한 사망 종류는 나중에 다른 정보가 있으면 바뀔 수도 있다. 궁극적으로 사망 종류는 법률이 할 일이지만 주어진 정보로 최선의 법의학적 의견을 제시하는 일이 중요하다. 법의학적 판단은 수사에 도움을 줄 수 있고, 행정적으로 사망 원인 통계에 쓰인다. 사망 종류는 앞서 언급했듯 크게 자연사, 즉 병사와 외인사(자살, 타살, 사고사) 그리고 불상으로 나뉜다.

▶ 자연사 또는 병사

자연사를 나이가 많아 여러 장기가 쇠약해져서 사망하는 것으로 생각하는 경우가 있는데 그렇지 않다. 자연사란 법률적으로 병사를 의미하고, 질병이라는 내인적 원인으로 인한 사망이다. 외부에서 작용한 외인적 원인의 상병인 질병이나 손상은 포함하지 않는다. 따라서 나이는 무관하며 내인성 질병에 의한 사망은 모두 자연사다.

그러나 직접 사인이 질병이라 하여 모두 병사는 아니다. 이를테면 고혈압 환자를 폭행해서 신체적 또는 감정적 요인으로 갑자기 혈압이 높아지고 그 때문에 뇌혈관이 터져 뇌출혈로 사망했다면, 직접 사인은 뇌출혈이나 폭행이 선행 원인이 되었기에 폭행치사에 의한 타살이라 할 수 있다. 따라서 자연사는 다른 요인 없이 순전히 질병으로만 사망한 것을 의미한다.

질병에는 일반적인 질병 외에도 습관적인 과음이나 석탄가루 흡입처럼 계속되는 환경적 원인도 포함된다. 그러나 미생물 감염이 아닌 환경적 원인이 짧은 시기에 작용하면 외인사가 된다. 따라서 알코올성 간질환, 진폐증, 중피종中皮睡, 결핵은 질병에 속해 자연사이며, 뱀에 물려 뱀독으로 죽으면 외인사이며 사고사가 된다.

완벽하게 구별할 수 없는 것 가운데에는 급성 알코올 중독이 있다. 만성 알코올 중독증 환자가 급성 알코올 중독으로 죽으면 만성 질환의 결과로 생각해 병사이지만, 술 내기를 하다가 과음으로 죽으면 사고사다. 질병 발작이 원인이 되어 외인을 거쳐 사망했다면 병사로 분류한다.

예를 들어 뇌전증 발작으로 욕조에서 익사한 경우, 발작이 없었다면 욕조에서 익사할 수는 없기에 사망의 기전은 비록 익사라는 외인을 거쳤지만 사망 원인은 뇌전증 발작이고 사망 종류는 병사가 되는 것이다.

▸ 외인사

외인사는 행위자와의 관계에 따라 다시 자살, 타살, 사고사로 분류되며, 분류되지 않는 것은 불상으로 한다. 한편 비슷한 용어로 변사變死가 있다. 이는 법률적인 용어로 외인사와 같은 의미로 쓰지만, 천재지변이나 단순한 본인 과실로 인한 외인사 가운데 범죄와 전혀 관련이 없는 죽음이 확실한 경우에는 변사에서 제외한다.

이외에도 자연사인지 외인사인지 확실하지 않은 죽음을 포함하기도 한다. 즉 변사는 의학적 의미와는 상관없이 범죄가 관련되었는지에 기준을 두어 수사가 필요한 죽음을 말한다.

▶▶ 자살

사망자 자신의 적극적 또는 소극적 행위로 인한 죽음이다. 죽을 뜻을 가지고, 죽을 것을 알고 스스로 한 행위의 결과로 죽었다는 조건에 맞아야 한다. 자살 자체는 범죄로 삼지 않으나 자살에 관여한 행위는 범죄다. 아무리 자살이라는 심증이 들어도 의학적으로 확신이 없으면 불상이다.

▶▶ 타살

다른 사람의 행위에 의한 죽음을 의미하며 살인과 치사, 예컨대 폭행치사가 포함된다. 자살과 달리 행위자가 살해 의지가 있었는지는 관계없다. 살해 의지가 있었다면 살인이다. 살인은 예모豫謀나 사전 악의와 같은 고의의 유무에 따라 전자를 모살^{謀殺}, 후자를 고살^{故殺}로 나누기도 한다. 법률행위인 사형이나 전쟁 중 적군을 죽이는 것 등은 '정당화되는 살인'이며, 정당방위에 의한 살인은 '면책되는 살인'이라 한다.

법률로는 보통살인죄, 존속살인죄, 영아살해죄, 촉탁살인죄, 자살관여죄, 위계에 의한 살인죄와 같은 살인죄와 상해치사죄, 폭행치사죄와 같은 상해 및 폭행죄, 그리고 과실치사죄, 업무상과실치사죄, 유기치사죄 등이 있다.

보행자가 길을 건너다가 교통사고로 사망하는 경우에 흔히 사고사로 생각하지만 타인의 행위에 의한 사망이므로 타살로 분류되어야 한다는 주장도 있다. 그러나 세계보건기구의 사망 원인 분류표나 사망 원인 통계에서는 사고사로 분류한다. 법률적으로 가해자인 운전자와 상황을 고려해 피해자가 고속도로를 무단 횡단했다면 무죄이고, 운전자가 고의로 치었다면 살인죄 또는 과실치사죄가 적용될 수는 있다.

▸▸ 사고사

어느 개체의 의사와는 무관하게 생긴 죽음을 말한다. 본인 과실 및 천재에 의한 사망, 노동재해, 산업재해, 운동경기 중 사망, 어린이 사고, 의료 사고 등이 있다.

▶ 불상

자살, 타살, 사고사의 구별이 불가능한 때는 불상으로 한다.

법의학적으로 사망 원인을 밝히더라도 사망 종류를 정하기는 어려울 때가 많다. 위에서 몇 가지 예를 들었으나 의학적인 소견만으로 결정할 수 없는 경우가 있고, 따라서 사망 종류는 궁극적으로는 법률의 측면에서 결정된다. 의학적으로 결정된 사망 원인은 상황에 따라 다른 사망 종류로 표현된다.

예를 들어 물에서 건져낸 주검을 의학적이나 과학적으로 검사해 사망 원인이 익사임이 밝혀졌다 하더라도, 스스로 투신했다면 자살일 것이고, 술에 취한 채 수영하다가 익사했다면 사고사이며, 강제로 물을 먹여 죽였다면 타살이다. 한편 수영 중에 심근경색의 발작이 있어 그 때문에 익사했다면 병사일 것이다. 높은 곳에서 추락해 사망하는 경

사망의 원인이 익사더라도 사망의 종류는 자살, 사고사, 타살 등 다를 수 있다.

우도 마찬가지다.

이처럼 사망 원인과 사망 종류를 결정하는 과정은 여러 가지 요소를 함께 고려해야 하는 만큼 결코 간단하지 않다.

'죽음의 시점', 뇌사에 관한 논쟁과 다툼

앞서 언급했듯 임상적인 죽음의 판정 기준은 분명하게 장기의 죽음이다. 그래서 죽음을 정의하는 첫 번째 이론이 '심폐기능종지설'이다. 심장과 폐의 기능이 멈추었다는 것이다. 20세기 중반까지만 하더라도 이미 사용해오던 심장사나 폐사를 개인의 사망 기준으로 판단하는 것은 대개 아무런 문제가 되지 않았다.

우리는 사람이 죽었는지를 확인하기 위해 가슴에 귀를 대보든지 코에 귀를 대본다. 그래서 숨을 쉬지 않고 심장이 뛰지 않으면 바로 죽음을 떠올린다. 보통 돌아가셨다는 표현을 일반적으로 '숨을 거두셨다'고 하듯이 삶과 죽음을 가르는 데 숨과 심장이 굉장히 중요한 역할을 하는 것이다.

그런데 어느 순간 '뇌사설'이라는 학설이 등장하며 첨예한 논쟁이 시작되었다. 뇌는 사실상 우리 몸에서 가장 중요한 기관으로, 평균적으로 1.5킬로그램 정도의 무게를 갖는다. 그 딱딱한 정도는 콩으로 만든 두부 정도라고 할 수 있는데 실제 머리뼈 속의 뇌는 물, 즉 뇌척수액腦脊髓液에 떠 있다고 생각하면 된다. 정말 연약한 부위가 아닐 수 없다. 뇌수술을 할 때 신경외과 의사가 굉장히 조심해야 하는 이유 또한 연약한 만큼 손상의 위험이 크고, 뇌를 비롯한 심장, 폐의 손상이 사망의 직접적인 원인이 되기 때문이다.

뇌사설에 대한 논란이 처음 대두된 것은 1967년에 남아프리카공화국의 크리스티안 네틀링 바너드Christiaan Neethling Barnard 박사가 세계 최초로 심장이식 수술에 성공한 후부터다. 그때부터 뇌사가 개체의 사망인지 여부에 대한 논란이 시작되었다. 이후 영국은 '뇌간사'를 사람의 죽음으로 정했고, 미국은 1981년에, 독일은 1982년에 뇌사를 사람의 죽음으로 인정했다. 일본은 1992년에 뇌사를 의학적으로나 법적·사회적으로 사람의 죽음이라고 인정했다.

우리나라에서는 1990년대 후반에 TV 프로그램〈100분 토론〉에서 뇌사설을 인정해야 할 것인가, 인정하지 말아야 할 것인가를 두고 몇 번에 걸쳐 토론한 적이 있다. 그 당시에 엄청난 이슈를 몰고 왔었는데, 그 이유는 장기 이식 때문이었다.

의학 기술이 발달해 뇌가 이미 죽었음에도 호흡과 심장 운동을 유지할 수 있게 되자 이러한 환자에게 인공호흡기와 같은 생명 유지 장치를 언제 제거하며, 뇌의 죽음으로 도저히 회복할 수 없는 인체에서 아직 살아 있는 장기를 다른 사람에게 이식해 질병 치료나 건강 회복에 이용할 수 있는지의 문제가 대두한 것이다. 뇌는 죽었어도 심장이 뛰고 있는 사람의 심장을 심장 질환을 앓고 있는 사람한테 주면 그야말로 새 생명을 살아갈 수 있는 소중한 자산이 되기 때문이다.

미국이 이러한 논쟁에서 앞선 이유는 사실상 의료비가 천문학적으로 비싼 나라이기 때문이다. 상대적으로 우리나라는 의료 보험 시스템만큼은 정말 좋은 나라라고 꼽을 수 있을 만큼 잘 갖춰져 있다. 과거 미국에서 공무원 생활을 2년 정도 했었는데 그때 당시 내가 속해 있던 미국 보건복지부의 보험은 10달러만 지불하면 뇌 수술까지 해주는 보험에 자동으로 가입되어 있었다. 그런데 일반 사람의 경우는 똑같은 보장을 받기 위해서 1년에 3만 달러, 즉 3천만 원 이상을 내야 했었다. 이를 알고 상당히 놀랐었는데, 공무원만 상당한 혜택을 보는 구조인 것이다.

미국은 이처럼 비싼 의료비 탓에 위급한 환자라도 계속 중환자실에 두면 비용 측면에서 상당히 큰 문제가 발생하게 된다. 그래서 다른 나라보다도 뇌사설이 일찍 부상한 것이다.

반면에 우리나라는 1990년대 후반에야 비로소 뇌사설이 본격적인 이슈로 떠올랐는데, 아산병원 이승규 교수의 간 이식 수술이 그 진폭제 역할을 했다. 이승규 교수는 1997년 성인 대 성인의 간이식을 성공시켰으며 당시 이러한 수술은 일본 교토대학병원에 이어 세계에서 두 번째 성공 사례였다. 이후 간이식이 활발해지면서 뇌사자의 간을 이식하는 의료 행위에 대한 문제가 돌출되었다.

그런데 당시 우리나라에는 뇌사설이라는 논의도, 관련된 법도 없었기 때문에 검사가 이 의사를 구속할 수도 있었다. 심장이 뛰는 사람의 배를 열고 간을 떼어서 사망에 이르게 했으니 말이다. 하지만 그런 일은 일어나지 않았다. 법이 과학을 못 쫓아온 것이다.

그래서 1990년대 후반에 장기 이식 때문에 첨예한 토론이 벌어지게 된다. 그때 변호사, 의사, 종교인, 윤리학자 등이 각축을 벌였는데 그중에서도 종교인들의 반대가 상당

했다. 심장이 뛰고 있으니 살아 있는 것이고 뇌사를 인정할
수 없다는 것이다.

결국 많은 논란 끝에 1999년 2월 8일에 비로소 '장기등
이식에 관한 법률'이 제정되었고 2000년 2월 9일부터 시
행되었다. 그리고 지금은 그 누구도 뇌사설을 반대하지 않
는다. 뇌사 판정을 받으면 누구나 마음속으로 그 사람이 죽
었다고 생각한다. 죽음의 시점이 예전과 달라졌다고 할 수
있는 것이다. 이렇듯 현대 의학의 발달은 죽음의 판단에서
뇌사라는 새로운 개념을 도입하게 했다. 그리고 이는 이후
펼쳐질 안락사 등 많은 논란들의 시작이었다.

세상과의 아름다운 이별을 준비해야

최요삼이라는 권투 선수를 기억하는 사람들이 많을 것이
다. 유명한 선수였는데 2008년 뇌출혈로 링에서 쓰러진 후
뇌사 판정을 받고 사망했다. 상대 선수의 오른손 스트레이
트에 턱을 맞고 갑자기 쓰러져 병원에 실려 갔는데 뇌사로
판정받았다.

당시 아산병원에서는 최요삼 선수 가족을 설득했다. 뇌
사라 생존이 불가능하지만 현재 심장이 뛰고 있고 신체가

건강하니 지금 새 생명을 기다리고 있는 많은 사람들에게 장기 기증을 하는 것이 어떻겠냐고 권유했던 것이다.

물론 처음에 가족은 반대했다. "우리 아들은 살아 있다. 심장이 뛰고 있지 않냐"고 말이다. 하지만 의사들의 간곡한 설득으로 최요삼 씨 가족은 장기 기증을 허락했다. 숭고한 결정이 아닐 수 없었다.

대신 가족은 법적 사망 시간을 1월 3일 0시 1분에 내려달라고 요청했다. 1월 3일은 최요삼 선수 부친의 기일로 아들과 남편의 기일을 같이 기리고 싶다는 어머님의 요청이 있었던 것이다. 우리나라뿐만 아니라 전 세계적으로 죽음을 판정할 수 있는 사람은 의사인데, 의사만이 정확히 그 사람이 몇 시 몇 분에 사망했는지를 판정할 수 있다.

나 또한 죽음을 판정하고 시체 검안서를 작성할 때 가족에게 기일을 언제로 하면 좋을지 여쭤본다. 왜냐하면 밤 12시 전후로 돌아가시면 날짜가 바뀌니 가족들이 원하는 날로 하는 것이 좋기 때문이다. 당시 의사는 그 시간에 맞춰 마지막 숨을 불어넣던 인공호흡기를 떼고 사망 진단을 했다. 그리고 그 즉시 여섯 명의 환자에게 최요삼 선수의 건강한 장기가 이식되었다.

이 숭고한 미담에서 우리가 주목해야 할 사실은 의사가 1월 3일 0시 1분을 기다려 사망 진단을 했다는 것이다. 즉 의사가 마음만 먹었으면 1월 3일이 아니라 더 길게 끌 수 있었다는 것이다. 뇌사자의 심장을 한정 없이 계속 뛰게 할 수 있다는 것이다. 하지만 이제 그러한 일은 일어나지 않는다.

지금은 누구라도 뇌사를 인정하는 분위기다. 그리고 뇌사가 자연스럽게 죽음으로 인정된 오늘날 새롭게 등장한 논쟁거리가 생명의 자기 결정권 문제다. 의사조력자살 또는 의사조력사망 문제 등 스스로 자신의 죽음을 결정할 수 있느냐 없느냐가 현재 우리 사회의 첨예한 논쟁거리로 부상하게 된 것이다.

이러한 논쟁의 한가운데에서 우리는 과연 죽음이 아름다울 수 있는지를 질문해보게 된다. 떠날 때를 알고 떠나는 자의 뒷모습이 가장 아름답다는 시 구절도 있지만, 무엇보다도 죽음은 준비되고 예감되어야 하는 것이 아닐까?

초등학생 때 할머니가 위급하시다고 해서 경상남도 합천까지 13시간 동안 버스를 몇 번 갈아타고 갔던 기억이 있다. 할머니는 위암으로 투병 중이셨는데 도착하자마자 내 손을 꼭 붙잡고는 "공부 열심히 해라"라는 말씀을 남기

시고 다음 날 돌아가셨다. 할머니 막내아들의 아들인 나와 할머니의 나이 차이는 정말 많이 났었다.

그때 모든 가족을 불러 모으신 큰아버지께서는 할머니의 죽음을 어떻게 감지했던 것일까? 의사가 얼마 못 사실 것 같다고 했고 큰아버지가 딱 보시기에도 돌아가실 것 같은 모습이었다고 했다. 그래서 가족을 전부 불러 모았고 할머니는 어린 손자에게까지도 한국적 정서로 공부 열심히 하라는 말씀을 남기고 돌아가신 것이다.

그런데 지금은 그때처럼 죽음의 순간을 가족이 모여 함께하기가 어렵다. 세상과의 아름다운 이별을 준비할 시간도 없이 의료 행위의 한복판에서 죽음을 처분당하는 것이 요즘 우리 사회 죽음의 대세가 아닌가 싶어 씁쓸한 심정이 들지 않을 수 없다. 이러한 대세를 거슬러 이제 우리는 죽음을 당하지 말고 적극적으로 맞이하는 쪽으로 생각해볼 수 있었으면 하는 것이 나의 바람이다.

'죽을 권리'와
'살릴 의무'

낯선 죽음의 경험

죽음을 둘러싼 우리 사회의 가장 큰 의제는 '죽을 권리'다. 나의 생명을 스스로 온전히 끝까지 책임진다는 것의 의미를 두고 여러 갈래의 해석이 있는 것이다.

누구나 한 번쯤 중환자실을 방문한 경험이 있을 텐데, 그곳에서는 몸에 굉장히 여러 개의 줄을 달고 있는 환자를 보게 된다. 보기에도 족히 열 가지는 되어 보인다. 우선 의식이 없는 상태에서 음식물을 넣어주기 위해 콧줄이라고 부르는 비위관을 달아야 하고 몸 구석구석에서 여러 개의 핏줄을 잡아 항생제 등의 처방을 넣어야 하고, 신장병이 있는 환자라면 투석을 받는 것처럼 피를 맑게 해줄 수 있는 장치도 해야 하고, 목 부분을 절개해 호흡기도 달아야 한다. 그리고 소변줄, 대변줄도 달게 되는 등 실제로 보면 중환자실 환자는 여러 개의 줄에 에워싸여 있는 가련한 모습이다.

이러한 환자의 모습을 지켜보는 보호자의 심정은 어떨까? 예컨대 부모님이 혼수상태에 빠져서 병원에 오게 된 가족들의 반응은 천편일률적으로 똑같다. 화목한 가정인 경우에는 "우리 부모님 너무 고생하시며 사셨는데 이렇게 돌아가셔서는 안 됩니다. 반드시 살려주십시오"라고 이야기한다. 의사 또한 최선을 다해서 치료를 해보지만 의식이 없는 상태로 수많은 줄을 달고 중환자실에 누워 있는 환자를 보게 되면 보호자 입장에서는 여러 가지 상념이 든다고 한다.

그렇게 일어나는 상념 중에서 보호자를 가장 괴롭히는 상념은 사랑하는 환자의 상태를 어쩌지 못하는 일종의 자괴감이 아닐까 싶다. '이게 과연 부모님이 원하시는 마지막인가'라는 생각을 하게 되는 것이다. 실질적으로 많은 사람들이 이러한 생각을 하면서 이제라도 무의미한 치료는 멈추는 것이 어떨까 고민하게 된다.

연명의료라는 것은 자기 결정권 측면에서 매우 중요한 문제를 야기하는데, 사실 우리나라뿐 아니라 동양에서는 죽음을 맞이하는 단계에서 진정한 자기 결정권이 없는 경우가 대부분이었다. 스스로의 판단에 의해 치료 내용과 치료 장소를 결정하기보다는 주로 가족 등 보호자의 의견을 따를 수밖에 없는 경우가 많다는 것이다.

최근에 지인의 남동생이 굉장히 위중한 암에 걸린 것을 발견하게 된 일이 있다. 그 지인은 당사자에게 암이라는 사실을 절대 이야기하지 말아달라고 부탁했지만 내가 말하지 않는다고 해도 종양내과에 입원한 이상 알 수밖에 없었다. 그랬더니 나쁜 암이라고는 이야기하지 말라며, 기회를 봐서 자신이 말하겠다고 했다. 이렇듯 가족은 환자가 충격 받을 것을 우려해서 정확한 상태를 말해주는 것을 꺼리는 경우가 많다.

그런데 조금 주체적인 성격의 환자들은 아무리 심각한 상황이라도 괜찮으니 사실대로 알려달라고 이야기한다. 그러면 이때 의사는 굉장히 고민하게 된다. 사실대로 이야기했을 때 환자에게 미칠 심리적인 영향을 면밀하게 판단해야 하기 때문이다. 생각 같아서는 본인에게 당연히 알려

쥐야 할 것 같지만 그렇지 않다. 실제로 의사의 윤리 원칙에도 이를 전하는 법에 대한 방침이 있을 정도로 조심스러운 일이다. 환자가 받아들일 수 있다고 판단되면 알려주고 그렇지 않은 경우에는 조금 더 늦출 수 있는 것이다.

그런데 만약 환자가 알려달라고 했는데도 알려주지 못한 상태에서 환자가 혼수상태에 빠져 연명의료에 돌입하게 되면, 실제로 환자는 자신의 치료에 대한 결정권을 한 번도 행사하지 못한 것이 된다. 그리고 그 결정은 가족들의 몫이 된다. 결국 환자의 의사와는 상관없이 병원 장례 시스템을 이용하게 되는 것이다.

1970년대 후반까지만 하더라도 집에서 사망하는 사람이 전체 사망자의 30~40퍼센트를 차지했고, 집에서 장례식을 치렀다. 그런데 지금은 당연히 모든 사람들이 마지막 순간에 병원에 간다. 왜 그렇게 바뀌게 된 것일까?

여러 가지 이유가 있을 테지만 우선은 죽음이라는 것에 대한 우리의 본능적인 거부감 때문이라고 할 수 있다. 그래서 죽음과 우리의 삶을 별개로 떨어뜨려놓고자 하는 의식이 발동한 것이다. 죽음은 병원에서 해결하는 것으로 타자화시키고 우리는 죽음과의 거리두기를 통해 조금 더 죽음으로부터 안전한 삶의 공간에 남아 있고자 하는 것이다. 또한 자본주의의 발전에 따라 병원에서 마지막을 보내는 것이 경제적으로도 합리적인 선택이기 때문에 병원이나 장례식장을 이용하게 되었다.

이처럼 현대의 타자화된 죽음 때문에 죽음이 한 인간의 고유한 영역으로 존중받지 못하고 시스템 안에 매몰됨으로써 매우 복잡한 문제들이 발생하게 되는데, 이에 대해서는 한국적 상황을 고려해서 몇 가지 사례를 짚고 넘어가도록 하겠다.

의사에게 죽음의 책임을 묻다

1997년 '보라매병원 사건'이라고 해서 우리 사회를 떠들썩하게 했던 유명한 사건이 있었다. 한 남성이 술을 마시고 넘어져서 머리 손상으로 보라매병원에 입원했는데, 뇌출혈이 심각한 상태임을 감지한 의사가 즉각적으로 수술을 실시했다. 수술은 매우 잘된 편이라서 의사는 조금 후유증이 있겠지만 환자가 완전하게 회복될 확률이 있다고 생각했다. 그런데 남편이 쓰러졌다는 소식을 듣고 한달음에 달려온 아내는 경제적으로 매우 곤궁한 상태라서 병원비 걱

정부터 하게 되었다.

알고 보니 남편은 사업 실패 후 경제적으로 곤궁한 상태에서 아내와의 사이도 좋지 않았던 터라 아내는 굳이 남편을 집으로 데려가겠다고 고집을 피운 것이다. 아마 부부가 다정한 사이였다면 경제적으로 힘들었어도 조금 버틸 가능성이 있었을 텐데, 이때 아내는 경제적 문제 때문에 무작정 퇴원을 하겠다고 주장했다.

그러나 뇌 수술을 끝낸 직후의 환자에게는 의학적 처치가 계속적으로 필요하다. 인공호흡기 치료도 해야 하고 항생제 치료도 해야 하는 등 여러 가지 치료가 필요한 환자이기에 의사는 퇴원을 강력히 반대했지만 결국 가족들의 항의를 꺾지는 못했다.

그래서 결국 담당 교수와 레지던트는 퇴원 서류에 사인을 했고, 인턴이 엠부ambu라고 하는 공기주머니를 짜는 처치를 하면서 집으로 돌아갔다. 그리고 집에 도착한 후 인공호흡기를 떼자 남편은 곧바로 사망했다. 이때 아내가 경찰에 신고를 했는데, 아마도 외적 원인 사망 시 국가의 보조가 있을 것이라고 생각한 것이다.

그런데 경찰이 와서 보니까 상황이 이상했던 것이다. 뇌

수술을 하자마자 집에 왔다는 것에 문제가 있다고 판단해 사건을 검찰에 의뢰하게 되었고 검찰의 수사 결과 문제가 있자 당시 환자를 수술했던 의사를 소환해 물어봤다. 환자 상태가 어떠했는지부터 왜 수술 직후의 환자를 바로 집으로 데려가는 것을 허락했는지까지 말이다.

수술을 담당했던 신경외과 의사는 굉장히 안타까워하면서 대답했다. 의사는 수술도 잘되어서 살 수 있는 환자였는데 가족들의 요청으로 어쩔 수 없었다고, 자신도 참으로 안타까운 경우가 아닐 수 없다고 말했다.

그런데 검찰에서는 퇴원 서류에 사인을 한 것을 두고 부작위에 의한 살인죄로 기소를 했다. 의사와 아내 그리고 함께 사인했던 레지던트와 공기주머니를 짜면서 갔던 인턴까지 모두를 말이다. 그 결과 지시에 의한 일이라 판단된 인턴을 제외한 의사와 레지던트는 항소심 끝에도 결국 살인방조죄로 유죄를 선고 받았다.

이후 이 사건은 의사들에게 굉장한 영향을 미쳤다. 즉 보호자가 아무리 요구해도 회생 가능성이 있는 환자는 절대 퇴원을 시키지 않게 된 것이다. 만약 퇴원을 시킬 경우 의사들이 살인죄로 기소되어 법정을 왔다 갔다 해야 하는 등의 여러 사태에 직면할 수 있으니까 말이다. 이후 의사들은 보호자들에게 '병원에서 돌아가시는 것이 낫다' '연명의료 하면 살 수 있다'고 강조하는 쪽으로 마음이 돌아서게 된 것이다.

연명의료, 생명 윤리 논란을 부르다

2008년에는 세브란스병원에서 아주 건강했던 할머니가 기관지 내시경이라는 일반적인 검사를 하던 도중 식물인간 상태가 된 사건이 있었다. 검사 시 혈관을 잘못 건드려서 할머니의 뇌에 혈액이 충분히 가지 못해서 식물인간과 비슷한 상태의 뇌 손상을 입게 된 것이다.

이후 가족들은 처음에는 열심히 간호를 했지만 시간이 조금 지나자 이게 과연 우리 어머니가 원하는 마지막인가를 생각하게 되었다. 그래서 어머니를 집에서 돌보겠다고 결정하고 퇴원하겠다는 의사를 표현했는데 세브란스병원 측에서는 절대 허가해주지 않았다.

"뇌사도 아니고 아직까지 살아계신 분이다. 치료가 1년이 갈지 2년이 갈지 모르지만 살아 있는 분을 절대로 퇴원시킬 수는 없다"고 한 것이다. 여기에는 물론 '보라매병원 사건'의 영향도 있었고, 세브란스 병원은 기독교 병원이기 때문에 생명 윤리에 대한 가치를 더 엄격하게 적용한 측면도 있었다.

그래서 결국 가족들이 법에 호소하게 되었는데 이로써 대법원은 굉장히 난감한 처지에 빠지게 되었다. 대법원에서는 거의 1년 6개월을 끌다가 판결을 내렸는데, 결국 환자의 상태를 회복 불가능한 사망 단계로 보고 연명의료가 무의미한 침해 행위에 해당해 인간의 존엄과 가치를 해친다고 판결했다. 판사들에게도 연명의료라는 것이 굉장히 불편하게 보였던 것이다. 콧줄이며 소변줄 등 수없이 매달린 줄과 독한 항생제 처방 등이 과연 어떤 의미가 있는지를 생각하게 된 것이다.

예를 들어 호흡기줄을 생각해보면, 우리가 숨을 쉬면 갈비뼈 사이 근육과 횡격막이 내려가면서 부들부들한 폐가 펴지는 것인데 호흡기라는 것을 인위적으로 부착하면 폐가 자연스럽게 펴지는 것이 아니라 인위적으로 펴지는 것이다. 원래 폐에는 신경이 없지만 지속적으로 반복될 경우 반드시 불편함을 느끼게 된다.

따라서 이러한 연명의료 행위가 인간의 존엄성과 가치

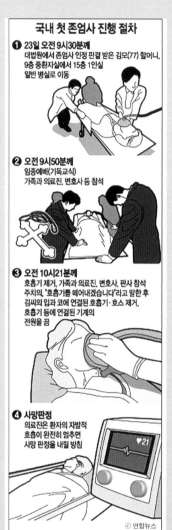

국내 첫 존엄사 진행 절차

❶ 23일 오전 9시30분께
대법원에서 존엄사 인정 판결 받은 김모(77) 할머니,
9층 중환자실에서 15층 1인실
일반 병실로 이동

❷ 오전 9시50분께
임종예배(기독교식)
가족과 의료진, 변호사 등 참석

❸ 오전 10시21분께
호흡기 제거, 가족과 의료진, 변호사, 판사 참석
주치의 '호흡기를 떼어내겠습니다'라고 말한 후
김씨의 입과 코에 연결된 호흡기·호스 제거,
호흡기 등에 연결된 기계의
전원을 끔

❹ 사망판정
의료진은 환자의 자발적
호흡이 완전히 멈추면
사망 판정을 내릴 방침

♥21

ⓒ 연합뉴스

김 할머니 사건 진행 절차.

를 해친다고 본 것이다. 이때 법원은 의사협회에 연명의료 중단에 대한 지침이 마련되어야 하지 않겠냐며 그 필요성을 언급하기까지 했다. 전문가 집단이 서둘러 이러한 사안에 대한 법제화를 시도해야 하지 않겠냐고 등을 떠민 것이었다.

그래서 당시 나 또한 대한의사협회의 여러 의사들과 함께 연명의료 중지에 관한 지침을 만들기 위한 TF팀에 참가하게 되었고, 오랜 수정과 토론 끝에 그것이 국가생명윤리심의위원회에 상정된 다음 법제화되었다. 이로부터 연명의료가 강제 사항이 아닌 선택 사항이 된 것이다.

추기경의 죽음은 존엄사 아닌 '선종'

'세브란스 김 할머니 사건'이 재판에 회부되어 있는 와중에 김수환 추기경께서 2009년 2월 16일에 돌아가시는 일이 발생했다. 사망 원인은 폐렴이었는데, 김수환 추기경께서는 돌아가시기 전 연명치료를 하지 말 것을 당부하신 바 있었다. 가톨릭병원에 입원 후에 의사들에게 "나는 죽음이 두렵지 않다. 이미 신을 만나러 갈 준비가 다 되었고, 하느님을 만나는 게 기쁠 뿐이다. 그러니 내가 혹시 쓰러지더라도 애써 심폐소생술을 하지 말라"는 이야기를 전했다고 한다.

하지만 김수환 추기경께서 실제로 폐렴 때문에 호흡이 딱 멈춘 순간 가톨릭병원 의사들은 반사적으로 심폐소생술을 실시했다. 의사들은 환자의 숨이 멈춘 순간 살리기 위해 본능적으로 심폐소생술을 하게 된다. 그렇게 추기경께서는 천신만고 끝에 다시 깨어나셨고, "고맙다. 하지만 이미 말했다시피 이제 안 해도 된다. 나는 하느님께 갈 준비가 되었다"는 이야기를 다시 한번 전했다.

그렇게 다시 치료가 이어졌고, 그러다 또 숨과 맥박이 멈추자 의사들은 혼란 끝에 다른 사제에게 어떻게 하면 좋을지를 여쭈었다. 그러자 사제는 "내가 책임지겠다. 안 해도 된다"고 했고, 그렇게 김수환 추기경께서는 돌아가셨다. 이 경우는 당사자의 의사를 미리 확인한 상태에서의 결정이기는 하지만 사실 지인에 의한 동의는 현재 구축된 연명의료법에 의해서는 불법이다.

그때 당시에 언론에서는 '김 할머니 사건이 이슈화된 상황에서 김수환 추기경, 존엄사를 선택하다'라고 기사를 내보냈다. 이를 두고 가톨릭교회에서는 굉장한 반발이 일어났다. '존엄사'라는 용어 때문이다. 왜 존엄한 죽음을 선택

한다는 것이 문제가 되었을까?

1997년 미국 오리건 주에서 '존엄사법The death with dignity act'을 만들면서 존엄사라는 것이 공식적인 용어로 사용되고 있는데 실제로 그 법은 더 이상 치료가 불가능한 환자들에게 자살을 허용하는 법이라고 할 수 있다.

가톨릭교회에서는 교리와 어긋나기에 이를 반대하는 것인데, 만약 김수환 추기경께서 존엄사로 돌아가셨다는 말을 용인하면 일반 사람들이 김수환 추기경께서 자살을 선택한 것처럼 받아들일 수 있기 때문이다. 이에 가톨릭교회에서는 당장 존엄사라는 말을 기사에서 삭제하라고 항의한 것이다.

그래서 처음 존엄사로 보도를 했던 모든 언론사가 존엄사라는 말을 내리고 '선종善終'으로 바꿔 쓰게 되었다. 선종은 의미 그대로 선하게 마치셨다는 뜻이다. 죽음은 결코 선택되어서는 안 된다는 가톨릭의 믿음은 지금도 여전하다.

안락사, 죽음의 버튼을 누른다는 것

안락사를 두고 현재 벌어지고 있는 논쟁의 축은 다음 세 가지다. 첫 번째는 연명의료 보류중지다. 이것은 이미 전 세게 거의 대부분의 나라들이 허용하고 있는 것으로 우리나라는 2016년에 법안이 통과되었고 호스피스 분야는 2017년, 연명의료 분야는 2018년부터 시행에 들어갔다. 아마 '세브란스 김 할머니 사건'이 없었다면 우리나라는 아직도 통과가 안 되었을 가능성이 농후하다. 문화적 풍습 때문이라고 할 수 있을 텐데 우리나라는 대만보다 10년, 일본보다 15년 늦게 이제 막 법제화되었다.

미국의 경우는 우리보다 약 40년 일찍 이러한 논쟁이 시작되었다. 1975년 미국 뉴저지 주에서 생일 파티 중 약물과 술을 복용 후 식물인간 상태에 빠진 당시 21세의 카렌 퀸란Karen Quinlan의 부모가 법원에 딸의 인공호흡기 제거를 요청하면서 연명의료 중지에 대한 논란이 시작되었다. 당시 화제가 되었던 것은 카렌 퀸란을 입양해 헌신적으로 양육한 부모가 가톨릭 사제와 의논 끝에 내린 결정이라는 점과 살아 있는 사람의 인공호흡기를 제거한다는 점이었다.

1976년 뉴저지 주 대법원은 가족이 아닌 카렌 퀸란의 친구가 했던 증언을 토대로 판결을 내렸다. 그녀가 과거 TV 드라마 속 등장인물의 식물인간 상태를 보며 "저렇게 살고 싶지는 않다"라고 했다는 것이었다. 이에 법원은 친구의 증언에 따라 죽을 권리가 아닌 헌법에서 보장된 치료를 받지 않을 권리에 근거해 인공호흡기 제거 판결을 내렸다.

1981년 당시 24세에 자동차 사고로 식물인간 상태가 된 낸시 크루잔Nancy Cruzan은 호흡은 가능했지만 혼수상태이기 때문에 코와 위를 연결한 급식 튜브, 일명 콧줄로 연명하고 있었으며 그 비용은 모두 미주리 주가 부담했다. 그리고 7년 후인 1988년 가족들은 콧줄을 제거해 달라는 소송을 제기했다. 그러나 콧줄의 제거는 굶어 죽는다는 의미로 인공호흡기의 제거와 또 다른 의미를 가진다는 점에서 미국 내 여론이 들끓었다.

그러나 1990년 미국 연방 대법원은 낸시 크루잔이 평소 식물인간 상태로 살고 싶지 않다고 말했다는 친구의 증언을 근거로, 환자가 스스로의 의지로 치료받지 않을 권리를 행사해 사망에 이를지라도 이를 시행해야 하며, 이를 거부함에서 인공호흡기와 콧줄이 다르지 않다는 것을 명시해 판결했다. 이는 흔히 죽을 권리를 인정한 판결로 오해할 수 있으나 어디까지나 미국 헌법에 근거한 치료거부권의 행사였다.

정확히 말하자면 '원치 않는 의료 장치에 의해 살아가지 않을 권리Right not to be kept alive by unwanted medical procedures'가 미국 연방 헌법 제14조에 규정된 적법절차 조항에 의해 해당한다고 보아 다음과 같이 판시했다.

A competent person has a liberty interest under the Due Process Clause in refusing unwanted medical treatment. 판단 능력이 있는 사람은 원치 아니하는 의학 장치를 거부할 자유 권리가 연방 헌법상 적법절차 조항에 의해 보장된다.

이는 죽을 권리를 포괄적으로 인정한 것은 아니라는 점에서 두 번째 논쟁의 축인 의사조력자살 또는 의사조력사망과는 다른 의미를 가진다. 의사조력자살을 현재 허용하고 있는 나라는 꽤 있다. 우선 스위스와 벨기에, 네덜란드, 룩셈부르크다. 물론 이들 나라들에서도 부작용이 있지만 그럼에도 시행을 철회하지는 않고 있다. 스위스에는 자살 여행이라는 것이 있는데 중동의 굉장한 부호들, 독일과 일본의 부자들이 가족들과 함께 와서 융프라우를 보면서 생을 정리하는 것이다.

물론 이것도 엄격한 절차를 요구한다. 일단 정신과 의사가 우울증인지 아닌지 확인해야 한다. 그것이 아니라면 한 달 동안 두 번 이상 자신의 의사를 번복하면 안 된다. 이러한 절차를 거치면 병원에서는 기계를 설치해주는 일만 한다. 결국 죽음의 버튼을 누르는 것은 환자 본인이 선택해야 하는 것이다.

미국은 미국에서도 굉장히 진보적인 곳이라 할 수 있는 오리건 주와 워싱턴 주가 의사조력자살을 허용하고 있다. 마찬가지로 진보적인 메릴랜드 주는 하원에 안이 올라갔으나 부결되었으며, 미국의 수도인 워싱턴DC에서도 법안은 통과되었지만 의사들의 적극적 반대로 시행된 적은 없다. 캘리포니아 주도 잠시 허용했다 철회했으며, 최근 하와이 주가 이를 허용해 2019년부터 시행할 예정이다. 물론 실제 시행이 될지는 지켜봐야 할 일이다. 그리고 영국에서도 뇌종양에 걸린 한 시민운동가가 의사조력자살을 허용해달라고 강력히 청원했지만 역시 영국 하원에서 압도적인 차로 부결되었다.

세계 어디에서나 가치관에 따라 도저히 이를 받아들일 수 없는 사람들이 많이 있는 것이다. 현재 의사조력자살은 스위스, 베네룩스 3국과 미국의 오리건 주, 워싱턴 주를 포함한 8개 주, 오스트레일리아의 빅토리아 3주에서 허용하고 있다.

안락사에 관한 마지막 논쟁은 적극적 안락사다. 의사에게 죽음에 이르기 위해 적극적으로 도와달라는 것이다. 만약 내가 루게릭 환자라면 움직일 수 없으니 자살 버튼을 누르기도 힘들기에 나를 치료했던 의사에게 죽을 수 있도록 주사를 놓아달라고 하는 것이다.

다만 이 법은 아주 엄격하다. 3명의 의사가 이 환자가 정말 돌이킬 수 없는 심각한 상태로 생애가 얼마 안 남았다는 것을 확인하고, 환자가 30일 동안 두 번 연속 15일 간격으로 약을 맞고 싶다는 의사를 변함없이 밝혀야 하는데, 만약 한 번이라도 자신의 의사를 번복하면 인정해주지 않는다. 물론 그전에 정신과 의사로부터 이 환자가 우울증 상태인지 아닌지를 엄격하게 확인받아야 한다. 이러한 과정 후에 실제로 죽을 수 있는 기계를 설치해준다. 기계가 설치되면 기계의 버튼을 누르는 것은 의료진이지만 마지막 순간 눌러달라고 하는 선택은 여전히 환자의 몫이다.

그런데 이때 자신을 치료했던 의사가 자신이 마치 사형

을 집행하는 교도관 같다는 생각이 들어서 주사를 놓기 싫어할 수 있다. 만약 이처럼 의사가 거부할 경우에는 다른 의사에게 요청할 수 있다. 적극적 안락사를 허용하는 나라는 벨기에와 네덜란드다.

나의 삶을 누군가 중단할 수 있는 것인가

의사조력자살 또는 의사조력사망은 생명을 살려야 하는 의사가 오히려 생명을 앗아간다는 의미에서 많은 논란이 있다. 이는 현재 의사조력자살을 허용하고 있는 미국 오리건 주 또한 마찬가지다.

미국의 병리학자 잭 케보키언Jack Kevorkian은 죽음의 기계, 즉 자살 기계를 뜻하는 타나트론Thanatron을 고안해낸다. 기계 한쪽으로는 링거 바늘을 통해 생리 식염수가 들어가고, 한쪽으로는 잠이 잘 오는 수면제와 함께 독약이 들어간다.

케보키언은 말기 환자 중에서 죽음을 선택하고 싶어 하는 사람을 정확히 진단한 후 그의 상태가 정말 치료 불가능하고 죽음에의 의지가 확실한 경우를 판별해 자신이 고안한 이 자살 기계를 그 사람에게 설치해주었다.

사용 방법은 이렇다. 환자가 버튼을 누르면 처음에는 생

죽음의 의사, 잭 케보키언.

리 식염수가 들어가고 두 번째로 잠이 오는 수면제가 들어
간다. 그러면 편안하게 잠이 드는데 이렇게 잠이 깊게 들었
을 때 마지막으로 독약이 들어가게 된다. 결국 환자가 자살
할 수 있도록 의사가 도와주는 셈인데 그래서 케보키언의
별명이 죽음의 의사Dr. Death다.

케보키언은 실제로 여러 환자의 죽음을 도왔으며, 이 사
실은 미국의 TV 보도 프로그램 〈60 minutes〉에 의해 알려

졌다. 케보키언 자신이 스스로 자신의 행위를 제보한 것이다. 기본적으로 기독교적 색채가 강한 미국인들은 방송 후 실로 어마어마한 충격을 받았다. 의사의 본분이라는 것이 환자를 살려야 하는 것인데 아무리 말기 환자라지만 죽음의 기계를 설치해주고 자살하게 하다니 말도 안 된다며, 그는 의사도 아니라는 비난을 했고 이러한 항의 때문에 검찰에서도 조사를 하게 되었다.

그래서 검찰은 조금 더 오래 살 수 있는 사람을 빨리 죽게 했다는 죄명으로, 우리나라로 치면 살해 의도가 없는 살인인 고살죄를 적용해서 유죄를 판결했다. 이후 케보키언은 8년의 수형 생활 후에 보석으로 풀려났고, 출소 후에도 안락사 권리 운동을 전개했지만 여전히 그의 주장은 끊이지 않는 논란을 불러일으켰다. 그러나 이 사건을 계기로 미국의 진보적인 주인 오리건 주에서는 1997년에 이러한 내용을 담고 있는 법을 통과시켰다.

그런데 과연 죽음을 원한 환자들이 모두 그 죽음의 버튼을 눌렀을까? 그렇지 않았다. 신청자의 60퍼센트만 누르고, 40퍼센트는 누르지 않았다. 말로는 번복하지 않고 죽음의 의사를 밝혔지만 실제로 자신의 손으로 자신의 죽음을 시행하기는 어려웠던 것이다.

이처럼 다양하게 제기되는 안락사 논쟁에서 우리나라는 어떤 입장을 띠고 있을까? 첫 번째 연명의료 보류중지의 경우 우리나라 또한 보수적인 일본보다 늦기는 했으나 시행이 되고 있다. 두 번째 의사조력자살 또는 의사조력사망은 나름의 가치관에 따라 허용을 해야 한다, 하지 말아야 한다는 각자의 의견이 있을 수 있지만 몇몇 나라에서 이미 법적인 보호 아래 시행하고 있는 것으로, 아마도 우리 세대의 마지막쯤에서는 이슈화되지 않을까 생각한다. 분명히 이를 원하는 사람들이 존재하기 때문이다.

마지막으로 적극적 안락사는 아직까지는 많은 사람들이 거부감을 표현하고 있기는 하다. 이 적극적 안락사는 다시 자발적인 경우와 비자발적인 경우 두 종류가 있는데, 비자발적인 경우는 히틀러와 아우슈비츠를 생각나게 하는 반인륜적 행위라 할 수 있는 것으로 절대 있어서는 안 되는 일이지만 자발적인 경우는 어떻게 해야 할 것인지에 대한 윤리적 문제를 분명 논의해야 할 것이다.

그런데 한번 생각해보자. '안락사'라는 글자를 그대로 보면 편안하고 고통 없는 죽음을 뜻한다. 가치중립적인 단어라 할 수 있다. 그런데도 사회적인 어감은 그리 좋지 않다. 안락사 하면 마치 누군가가 나를 살해한다는 느낌을 갖게 된다. 오히려 안락사의 또 다른 표현인 '자비사'가 우리가 생각하는 안락사일 수 있다. 자비사라고 하면 고통 없이 사망하게 도와주는 것, 예를 들어 전쟁 영화에서 총상으로 너무 고통스러워하는 병사를 편히 죽도록 쏴주는 그런 것이다.

안락사 또는 자비사, 어떤 표현을 쓰든 의도적인 삶의 중단이라는 점에서는 똑같은 의미를 갖는데 문제는 과연 삶이 의도적으로 중단될 수 있는 것인가 하는 것이다. 앞으로 우리 사회에서 지속적인 숙고가 필요한 문제다.

어떤 죽음은
사회를 바꾼다

죽음의 의미가 곧 삶의 의미

법의학자로서 특별히 죽음과 인연 깊은 삶을 살고 있지만, 그 인연이 깊어지면 깊어질수록 더욱더 많이 생각하게 되는 것은 아이러니하게도 죽음이 아닌 삶이다. 깨달음을 추구하는 도인은 아니지만 죽음을 생각하고 살피고 돌아보는 과정에서 삶의 경건함과 소중함이 더욱더 절실해지는 것이다. 더 나아가 법의학자로서 우리 사회에 죽음을 숙고하는 분위기를 만들고 싶다는 작은 소망을 가져본다. 그래야 우리들 삶이 행복해지겠다는 깨달음 아닌 깨달음을 갖게 된 것이다.

우리 모두 사회적 이슈가 되었던 죽음 중에서 각자가 특별히 기억하는 사건이 있을 것이다. 멀리는 "노동자는 기계가 아니다"를 외치며 분신한 전태일 열사를 기억하는 이들이 있을 것이고, 독재 정권에 맞서 저항한 박종철, 이한열 열사의 죽음을 떠올리는 이들도 있을 것이며, 군 의문사의 대표적 사례가 된 김훈 중위의 죽음을 생각하는 이들도 있을 것이다.

모두가 한 사람 개인으로서의 죽음이지만 이 한 사람의 죽음이 갖는 사회적 파장은 엄청난 것이었다. 어떤 죽음은 그 죽음으로써 사회적인 시스템을 바꾸고, 사회의 문화적 가치를 새롭게 만들어내기도 한다. 살인 사건에서의 죽음 또한 우리 사회의 여러 모습을 드러내면서 삶의 가치를 새롭게 질문하는 역할을 맡기도 한다.

이렇듯 여러 양상의 죽음이 우리에게 던지는 의미는 생각보다 훨씬 크다고 할 수 있다. 물론 〈그것이 알고 싶다〉로 대표되는 방송에서처럼 모든 인간의 죽음에 과학적인 해석을 해야 하는 것은 아니다. 당연히 모든 죽음에 부검이 이루어질 필요도 없는 것이다.

다만 그것이 어떤 죽음이든, 사회적 파장을 가져오는 죽음이든 그렇지 않은 죽음이든, 죽음 그 자체에 대한 숙고만으로도 우리의 삶이 갖는 의미의 지평은 훨씬 넓어질 것이라 생각한다.

통계 밖의 자살 수치

인간의 생명이 국가의 재산으로 생각되던 시절에 목숨은 국가에 속한 것이므로 자살은 범죄로 취급되었다. 지금도 싱가포르, 파키스탄, 방글라데시아와 말레이시아 등 일부 국가에서는 자살을 기도하면 처벌을 받으며, 북한에서는 자살 시도자뿐만 아니라 심지어 유가족에게까지 죄를 묻기도 한다.

국가는 생명권, 즉 타인의 침해로부터 생명을 위협당하지 않을 보호권에 대한 형사 입법으로 그 입장을 명확히 하고 있으나, 자살에 대해서는 여전히 논란이 있다. 예컨대 예일대학교 철학과 교수인 셸리 케이건 Shelly Kagan 은 그의 저서인 『DEATH 죽음이란 무엇인가』에서 자살도 상당한 근거를 갖고 충분한 숙고를 거친다면 자신이 그것에 동의했다는 점에서 도덕적으로 정당화될 수 있다고 설파했다.

그럼에도 현대 국가에서는 여전히 자살에 대한 국가의 개입이 불가피하다. 이는 사람의 소중한 생명이 손실되는

자살의 윤리적 정당성을 주장한 셸리 케이건 교수.

결과가 사회 전체에 악영향을 미친다는 정책적 판단에서
비롯되었을 것이다.

　죽을 권리를 둘러싼 논쟁이 뜨거운 가운데 우리 사회에
는 육체적 상태에 기인한 것이 아닌 심리적 이유로 죽음을
선택하는 사람이 급증하고 있다. 사회적 타살이라고도 불
리는 자살은 법의학자인 내게 가장 크고 무겁게 다가오는
죽음이 아닐 수 없는데, 나 또한 사회의 구성원으로서 절실

한 연대 책임을 느끼기에 그렇다. 이러한 자살 문제를 조금 더 구체적으로 이야기하기에 앞서 우리나라에서 1년에 사망하는 사람의 수와 그들의 죽음 원인, 죽음의 현 실태를 살펴보자. 지난해 내가 한 부검 260건 중에서 타살인 경우는 사실 얼마 되지 않는다. 대부분의 부검 대상은 병사로 인한 사망 혹은 사고사 또는 자살의 경우라 할 수 있다.

앞서도 말했지만 우리나라에서 1년에 타인에 의해 사망하는 사람의 수는 400여 명이 조금 넘는다. 대법원에서 내는 통계는 살인 미수까지 포함해서 1000명 정도 된다. 1년에 인구 10만 명당 1명 이하가 타살로 사망하는 것이다. 이 수치가 낮은 것인지 높은 것인지 잘 감이 잡히지 않을 것이다. 그렇다면 다른 나라와 비교해보도록 하자.

우선 일본은 10만 명당 0.2~0.5명으로 우리보다 확실히 낮다. 미국은 10만 명당 5~6명 정도로 우리보다 약 7~8배 높다. 미국은 총기 소유자가 많으니까 그렇다고 생각할 수 있는데 사실 미국 사회에서 총을 소지한 사람은 생각보다 많지 않다. 그리고 위험해 보이는 나라로 멕시코의 경우 10만 명당 19~20명이다. 그러면 정말 위험한 나라는 어디일까? 니카라과, 온두라스, 베네수엘라 등의 나라는 10만 명당 50명이 넘는다.

우리나라, 일본, 대만 등의 동아시아가 상대적으로 안전한 나라라고 할 수 있는데, 이들 나라보다 더 안전한 나라, 즉 타살로 인한 사망자 수가 10만 명당 0명인 기적의 나라도 있다. 바로 우리의 동포가 살고 있는 북한이다. 물론 국제보건기구는 10만 명당 4~5명으로 추산하고 있다.

어쨌든 앞서 언급했듯이 우리나라는 살인 사건에서 비교적 안전한 나라라고 할 수 있는데, 그래서 사망 원인에서 병사가 압도적으로 많고 그중 대표적인 경우가 '암'이라는 것이다. 인구 10만 명당 1명 정도가 타살로 사망하는 반면에 10만 명당 150명이 암으로 사망하고, 그 뒤를 이어 자살이 우리 사회의 죽음의 대세를 형성하고 있다.

우리나라의 자살률은 최근 리투아니아가 OECD 통계에 편입되면서 2위가 되었으나, 그전까지는 OECD 국가중 압도적 1위를 유지해왔다. 일본의 자살이 굉장히 심각하다고 많이들 이야기하는데, 우리나라는 일본보다도 훨씬 높은 수치를 기록하고 있다. 2017년 자료로 살펴보면 자살률은 10만 명당 24.3명으로 당뇨병이나 간 질환으로 인한 사망자 수보다 더 많다. 교통사고 사망자 수보다 2배 이상 많은 높은 수치다. 전체 수로 봤을 때 2017년 자살로 사망한 사람은 약 1만 2000명에 달한다.

그런데 실제 내가 법의학자로서 느끼는 자살자 수는 실제 발표된 수치보다도 훨씬 더 많다. 날이 따뜻해지는 3월이나 4월쯤이 되면 한강에서 시신이 많이 발견되는데, 나는 그중 대부분을 부검하게 된다. 그래서 수치적으로 느끼는 감이 실제 발표되는 것보다 많다.

자살자는 그 시신이 발견되어도 통계청에서 자살 처리가 되지 않는 경우가 많다. 명백하게 유서 같은 것들이 있지 않는 경우에는 기타 및 불상으로 분류된다. 그래서 실질적으로 보고된 자살자 수보다 실제 자살자 수가 더 많지 않을까 생각한다.

그리고 우리나라에는 아직도 낙인 효과가 크게 작용해서 가족 중에 누군가 자살했다고 하면 왠지 그 사람을 꺼려하는 분위기가 있기에 가족이 자살했더라도 주변에 알리지 않고 적극적으로 숨기는 경향이 있다. 심지어 예전에 한 유가족은 내게 시체 검안서를 가짜로 발부해달라고 한 적이 있었다. 아버지가 자살로 돌아가셨는데 회사에 제출해야 하는 서류라서 1부만 가짜로 발부해주면 안 되겠냐고 사정했던 것이다.

물론 그렇게 할 수는 없으나 유가족의 심정은 충분히 이해할 수 있는 부분이다. 이처럼 자살을 숨기는 사회적 분위기까지 생각하면 실제 자살자 수는 통계치보다 5~25퍼센트 정도 많을 것으로 보인다.

죽고 싶은 사람은 없는 법

현대사회에서 늘어나는 죽음의 유형은 스스로 삶을 끝맺는 죽음, 즉 자살이다. 그리고 자살은 법의학과 가장 관련이 깊은 죽음이기도 하다.

샌프란시스코 금문교의 투신 자살자들을 촬영해서 논란이 된 다큐멘터리가 있다. 〈다리The Bridge〉라는 제목의 이 영상에서 감독은 2004년 한 해 동안 하루도 빠짐없이 새벽부터 해질녘까지 금문교 주변에 설치한 카메라를 통해 23명 자살자의 투신 현장을 담아 보여준다. 물론 보면 알겠지만 누군가 떨어지려고 하는 즉시 달려가 구하려는 노력도 한다. 그러나 생각보다 많은 사람들을 구하지는 못한다. 참담한 인간의 현실, 죽음의 현실을 기록한 영화인데, 나 또한 하고 있는 일의 영역에서 너무 많은 자살을 쉽게 목격하느지라 참으로 안타깝게 볼 수밖에 없었다.

앞서 통계로 살펴봤듯이 우리나라는 자살의 증가 추세가 유독 가파른 나라다. 그래서 죽음 하면 우선적으로 자살 문제를 언급하지 않을 수 없다. 셸리 케이건 교수가 충분히 합리적이고 윤리적인 자살도 있다고 주장한 것처럼 실제로 충분한 숙고 끝에 내려진 결정이라고 해서 자살을 정당화할 수 있을까? 잡지《뉴요커The New Yorker》가 금문교에서 투신 자살을 시도했다가 다행히 구출되어 살아남은 사람들을 인터뷰했을 때, 그들은 이렇게 말했다.

뛰어내린 순간 나는 인생에서 해결할 수 없는 일은 하나도 없다는 사실을 깨달았습니다. 방금 다리에서 뛰어내렸다는 사실을 빼고는요.

뛰어내리고 처음 떠오른 생각은 '방금 무슨 짓을 한 거지'였습니다. 나는 죽고 싶지 않았습니다.

이는 우리나라 서울대학교 의과대학 정신건강의학과 안용민 교수가 실제 자살 시도자를 진료하면서 들었다는 이야기와 이를 연구한 내용들과 놀랍게도 일치한다. 그들은 모두 말한다. 죽음에 대해서 오랫동안 생각해왔고, 자기가 죽으면 모든 것이 해결될 것이라 생각해서 실제로 실행했는데, 막상 죽으려는 순간에는 살고 싶었다고 말이다. 그 순간에는 모두 다 자기 판단을 잘못된 것으로 생각하게 되었다.

사실 다들 누구나 한 번쯤은 죽음에 대해서 생각해본 적이 있을 것이다. 나 또한 중학교 1학년 때 시험을 망친 후 세상을 살고 싶지 않다는 생각을 한 기억이 있다. 그 나이에도 잘 못 본 시험은 엄청난 시련으로 느껴졌고 내가 세상을 떠나면 그 시련이 해결될 것이라고 생각했다. 누구나 이 정도 수준에서 그러한 생각을 한 번쯤은 해봤을 것이다.

하지만 생각이 실행이 되는 것은 아무에게나 일어나는 일이 아니다. 많은 사람들이 자살을 '충동적'으로 일어나는 것이라고 잘못 알고 있다. 사회적 커뮤니케이션이 정상적으로 이루어지고 소속감이 있다면, 가족의 일원, 회사의 일원, 어느 공동체의 일원으로 죽음에 대한 관념은 실제로 실행되지 않는다. 그런데 사회적 교류가 단절된 상태에서는 죽음에 대한 관념이 지속적으로 조금 더 구체화된다.

그래서 굉장히 오랫동안 죽음을 준비하게 되고 어느 순간 용기를 내서 실행하게 된다. 물론 그것이 긍정적인 용기는 아니지만 어쨌든 자살은 엄청난 용기의 결과다. 순간적인 판단이 아니라는 뜻이다. 본인의 여러 가지 원인 때문에 자기 통제력을 잃은 후에 일어나는, 오랜 시도의 결과라는 것이다.

그렇듯 우리가 자살에 대해 갖고 있는 상식, 즉 죽고 싶어 죽는 것이라거나 즉흥적인 판단의 결과라는 것은 모두 틀린 말이다. 세상에 진정으로 죽고 싶은 사람은 아무도 없는 법이다. 죽음의 이유는 모두 각자의 삶 속에서 찾아야 한다.

따라서 우리는 주변에 잠재하는 자살자의 준비를 눈치 채서 그의 삶의 방향을 돌려 세워야 하고 시도를 막아 그의 삶이 다시 새로운 빛으로 가득 차도록 도와주어야 한다. 그것이 그들과 같은 시대를 살아가는 우리의 의무이기도 하다.

자살, 남겨진 자가
해야 할 것들

자살을 야기하는 심리

자살의 원인에 대해서는 크게 세 가지 카테고리로 분류해볼 수 있다. 첫 번째는 다른 사람에게 짐이 된다는 부채 의식인데, 실제로 짐이 되는지는 아무도 모르지만 본인이 그렇게 느끼는 것이다. 특히 우리나라에서는 노인 자살이 많다. 지금 노인 세대들은 남에게 신세 지기 싫어하고 독립적으로 살아온 세대이기에, 프랑스 같은 선진국들의 노인들이 국가의 지원을 당연히 여기는 것과 달리 정부에 아무 기대도 하지 않는다. 그러한 상황에서 노후에 자신이 누군가에게 짐이 된다고 생각하면 이를 심리적으로 힘들어하는 경향이 있다.

두 번째 자살 원인으로는 소속감 부재와 그에 따른 커뮤니케이션의 부재를 들 수 있다. 소속감이 없어지면 다른 사람과의 소통이 단절되는 경험을 하게 되는데 이때 극심한 소외감으로 우울증이 발생하기 마련이다.

그 근거는 자살 관련 통계에서도 찾아볼 수 있는데, 미국의 지역별 자살률을 비교해보자. 어느 지역의 자살률이 제일 높을까? 아마도 뉴욕을 떠올리며 비인간적인 도시에서 자살자가 많이 나오지 않을까 생각했겠지만 아니다. 정답은 알래스카다. 와이오밍 주라든지 말을 타고 하루 종일 가야 하는 외진 곳의 자살률이 높다. 반면 가장 자살률이 낮은 도시는 워싱턴 주와 뉴욕 주다.

우리나라도 똑같다. 전국 8도 중에 자살률이 가장 높은 도시는 강원도이고 그다음이 충청북도다. 반면 서울의 자살률은 가장 낮다. 타살률은 정반대로 도시가 높고 지방이 낮다.

마지막 세 번째 원인은 죽음에 대한 무감각적인 학습이다. 이것은 사회적 역할이 방기되어서 일어나는 현상이기도 할 텐데, 자살을 심각하게 생각하지 않고 문제의 해결책으로 결정하는 것이다.

이 중 어떤 원인에 의한 것이든 자살은 죽은 사람에게 한정되지 않고 주변에 끼치는 영향이 상당하기 마련이다. 우선 부채 의식이나 소통 단절을 이유로 자살했을 때 자살자의 유족이 그 부채가 덜어졌다고 느끼는 경우를 나는 단 한 번도 본 적이 없다.

남은 사람들은 이루 말할 수 없는 엄청난 고통의 삶을 살아가게 된다. 잘못된 자기 통제로 자살을 하게 되는 경우 결국 주변 사람들, 특히 유족들에게 엄청난 트라우마를 남기게 되는 것이다. 그래서 가족 중에 자살한 사람이 있는 경우 자살 가능성이 4.2배 상승된다는 외국 연구 결과도 있다.

과학에서 찾은 원인, 유전과 알코올

자살의 원인으로 생물학적 증거를 이야기하기도 한다. 생물학적 증거란 유전적 증거와 궤를 같이하는 것으로 자살 유전자를 뜻한다. 물론 아직까지 이를 함부로 이야기할 수는 없다. 이를 우생학적인 면에서 사고하는 사람들도 있으니까 말이다. 예를 들어 만약 내게 범죄 유전자라는 것이 있는지를 물어본다면 실제로 폭력적인 집안은 있다고 대답하겠다. 즉 폭력적인 유전자는 있을 수 있다. 그러나 폭력적인 유전자가 있다고 해서 그것이 다 발현되는 것은 아니다.

예를 들어 아버지는 키가 큰데 아들은 작을 수도 있고, 거꾸로 아버지는 키가 작은데 아들은 클 수도 있다. 유전자 성향이 실질적으로 발현되기 위해서는 굉장히 다양한 조건이 충족되어야 한다. 유전자는 부모 양쪽에게서 하나씩 받기 때문에 내 안에서 그것들이 조절되기도 한다. 그리고 후생유전학에 따르면 본인이 어떻게 생활하느냐에 따라서 그리고 환경에 의해서 유전자가 발현이 될 수도, 안 될 수도 있다.

자살과 관련해서도 그러한 유전자가 있다. 현재 그것이 무엇이라고 딱 집어 이야기할 수 있는 단계는 아니지만, 아마도 세로토닌serotonin이라는 뇌 신경화학물질과 관련된 유전자가 아니겠느냐 추정할 수는 있다.

실제로 붉은털원숭이를 대상으로 실험한 결과, 뇌 안에 세로토닌이 부족한 원숭이는 자해를 하고, 세로토닌을 보충할 수 있는 트립토판tryptophan이 들어 있는 달달한 음식을 먹게 한 원숭이는 자해를 하지 않는 것을 알 수 있었다. 이들 원숭이처럼 인간도 혹시 자살 충동에서 세로토닌의 영향을 받는 것이 아닐까 생각하는 것이다. 물론 이러한 실험 결과를 두고도 이것이 자살 원인을 밝히는 근거라고는 함부로 이야기할 수 없다. 유전자는 100퍼센트 발현되는 것이 아니기 때문이다.

대체적으로 현재 학자들이 동의하는 것은 아마도 자살의 원인 중 70퍼센트는 환경적 요인이고 나머지 30퍼센트는 유전적 요인일 것이라는 정도다. 아직까지는 이렇게 두루뭉술하게 말할 수밖에 없다.

알코올 또한 자살과 상관관계가 있다. 실제로 알코올 접근성이 높은 나라는 자살률 또한 높다. 동유럽 국가들 중에는 우리나라보다 자살률이 높은 나라가 있다. 최근 OECD 통계에서 우리나라를 제치고 자살률 1위를 차지한 리투아니아가 대표적이다. 이러한 곳에 가보면 경제도 굉장히 침체되어 있고, 그래서인지 알코올을 상당히 많이 섭취하는 것을 볼 수 있다.

우리나라도 알코올 접근성이 꽤 높은 나라에 속한다. 또한 모든 음주 사고에 대해 외국에 비해 처벌 수위가 낮은 편으로, 알코올에 대해서 굉장히 너그러운 나라에 속한다.

알코올을 섭취한 순간에는 기분이 좋았지만 다음 날 굉장히 우울한 감정을 느낀 경험이 있을 것이다.

그렇다면 자살자 중 음주 상태에서 자살하는 사람의 비율은 어느 정도 될까? 2013년 통계에서는 평균 44퍼센트 정도의 자살 기도가 음주 상태에서 일어난 것으로 조사되었는데 물론 남성의 경우는 더 높아서 49퍼센트의 수치를 기록한다.[7] 상당수가 술을 마신 상태에서 자살을 시도를 하게 되는 것이다.

대부분의 사람이 술을 마시면 기분이 좋아진다고 이야기하는데 술은 기본적으로 뇌를 무장 해제시키는 물질로서, 음주 상태의 뇌에서는 탈억제 현상이 일어난다. 즉 억제하는 기능을 억제한다는 것이다. 뇌의 전전두엽이 뇌에서 이성을 제어하는 기능을 하는데, 술을 마시면 나를 이제까지 억제하고 있던 전전두엽의 억제 기저를 알코올이 억제시켜줌으로써 '나사'가 풀려 하지 말아야 할 말을 하는 등의 이상 증세를 보이는 것이다.

그런데 문제는 술이 뇌의 기능을 저하시킴으로써 기분이 좋아지는 한편으로 우울감 또한 증폭시킨다는 점이다. 특히 술이 깰 때쯤이면 온몸의 컨디션이 바닥으로 떨어지면서 극심한 무기력증, 정서적 피폐 상태에 이르게 된다.

우리는 안 좋은 일이 있을 때 주로 술을 마신다. 예를 들어 실연당했을 때 "야 너, 실연당했다며? 술 한 잔 먹고 잊어버려"라고 한다. 물론 정서적 취약 계층이 아닌 사람으로 건전한 커뮤니케이션이 가능한 상태라면 술 한 잔으로 우울한 느낌을 날려버릴 수 있다. 그런데 그렇지 않고 정서적으로 취약한 사람, 사회적인 어려움이 있어 우울감이 심각한 사람에게 알코올이 주어지면 그 자체로 문제가 매우 심각해진다.

실제 우리나라 통계를 보면 자살자의 상당수가 자살 직전 높은 알코올 수치를 기록했고 알코올이 깰 때쯤 자살을 시도했다. 자살한 유명 연예인들 모두가 다 일정 수준 이상의 알코올 수치를 보였는데, 실제 음주 농도가 0.1퍼센트의 만취한 상태에서 자살이 일어난 경우도 여러 건이었다. 물론 단순하게 알코올을 자살의 원인이라고 할 수는 없지만 분명한 것은 알코올이 자살을 생각해왔던 사람에게 실행력을 높이는 방아쇠 역할을 한다는 것이다.

기쁠 때 술 한 잔 하는 것은 건강에 도움이 될 수도 있다. 그러나 우울한 사람에게는 절대로 알코올을 섭취하게 해서는 안 된다. 자주 만나는 친구 말고, 오랜만에 만났는데 약간의 문제가 있어 보이는 상대에게는 절대 술을 권하면 안 된다. 알코올이란 분명 장점에 비해 단점이 많은 물질인 것을 명심해야 한다.

노인과 젊은 여성의 자살

현재 우리나라 자살의 특징은 다음 네 가지로 요약할 수 있다. 노인 자살의 급등, 젊은 여성의 높은 자살률, 가족 동반 자살, 대중매체의 높은 자살 보도 영향이 그것이다.

1985년에만 해도 자살을 선택하는 80대 노인은 10만 명 당 10명이 조금 안 되었으나 2010년에는 10만 명당 123.3명으로 급등했다. 정말 놀라운 증가 폭이 아닐 수 없는데 우리나라 자살률이 OECD 국가 중에서 1위를 차지할 수밖에 없었던 가장 큰 이유가 바로 노령 인구의 자살 때문이다.

2010년 기준으로 자살자 중 80대는 인구 10만 명당 123.3명, 70대는 83.5명, 60대는 52.7명이다. 우리는 보통 자살 하면 치열한 입시를 견디지 못한 청소년 자살을 많이 생각하는데, 사실상 청소년 자살률은 입시 제도가 잘 갖춰진 핀란드보다 적다.

노년층 자살은 사회 경제적 안전망이 없는 상태에서 경제적 빈곤을 느끼는 데서 발생하는 경우가 많은데, 우리 윗세대들은 자식들을 위해 희생하는 삶을 살면서 자식들에게 끝없는 시혜를 베푸는 것이 인생의 보람이었기 때문에 노년이 되어 경제적으로 곤궁해지면 이를 버티지 못하는 경우가 많다. 또 기대했던 가족 간의 유대감, 소속감 등에서 소외받는 정서적 문제가 발생하면 여기에서도 큰 상처를 받게 되는 것이다.

이러한 노인 자살자는 대개 혼자 사는 독거노인인 경우가 많은데 대부분 가족과의 소통이 없었던 경우다. 가족과 오랜 기간 연락이 없었던 이러한 경우는 사후에도 가족을 찾기가 쉽지 않다. 자식들이 멀쩡히 있는데도 말이다. 노인 자살에 관한 흥미로운 통계는 자식이 많은 사람들의 자살률이 굉장히 낮다는 것이다. 자식이 많으면 적어도 그중 하나의 자식과는 정서적 교류가 분명히 이루어질 수 있기 때문이다.

사실상 노년의 우울감을 극복하기 위해서는 정서적 소통을 할 수 있는 친구가 가장 필요한데, 한국 남자들에게 친구가 없다는 것도 자살 증가의 큰 이유다. 헌신적으로 직장 생활을 하지만 퇴직하면 직장에서 알았던 사람들과는 어울리기 힘든 것이 현실이다 보니 노인 자살에서 남성 자살이 3.5배나 많은 것이다.

그렇기에 노인 자살은 사실상 사회적 타살이라고도 할 수 있다. 본인의 모든 것을 자식들에게 투자하고 결국 스스로는 사회적 안전망이 없는 상태에서 죽음으로 내몰린 것이라는 생각이 들지 않을 수 없다.

젊은 여성의 자살률 또한 상당히 높다. 어떤 사람들은 우리 사회의 자살 증가를 내적 가치관의 부재 때문인 것으로 해석하는데 일부분 맞는 말이기는 하다. 급속한 산업화 과정에서 삶을 지탱해줄 내적 가치관이 흔들리면서 고독감을 느끼게 된다는 주장은 어느 정도 일리가 있다. 사실상 정신과 의사들에게 자문을 구하면 모든 자살의 원인은 정신 질환 때문인 것으로 귀결된다.

물론 사회가 산업화되고 복잡해지면서 정신 질환이 증가한 것은 맞지만, 그렇다고 정신 질환만으로 모든 자살을 해석할 수는 없다. 왜 유달리 노인층과 젊은 여성의 자살률이 높은지를 정신 질환이라는 기준만으로는 설명하기 어렵다.

DSM^{Diagnostic and Statistical Manual of Mental Disorders}이라는 정신과

DSMDiagnostic and Statistical Manual of Mental Disorders이라는 정신과 의사들이 진단하는 진료 기준에 따르면 자살하는 사람들은 정신장애 NOSNot Otherwise Sfecified에 해당한다. 정신장애 NOS는 상세 불명의 정신장애를 뜻한다. 이처럼 정신적으로 우울감이 심한 사람들을 위해 요즘은 정신과 의사뿐만 아니라 임상심리사 등 가용 자원을 이용해서 손쉽게 상담을 받을 수 있는 시스템도 마련되어 있다.

정서적 애착과 자살의 전염

우리나라 자살의 세 번째 특징인 가족 동반 자살은 이제 용어를 조금 바꿔야 하지 않을까 싶다. 가족이 함께 죽었다고 해서 모두가 그 죽음에 동의한 것이라 보기 어렵기 때문이다. 가장이 죽을 때 혼자 죽지 않고 가족을 살해하고 죽는다든지 부부가 아이와 함께 죽는 일이 심심치 않게 기사거리로 올라오는데, 이것은 외국에서는 굉장히 드문 경우로, 아이나 가족을 자신의 소유물로 생각하는 특이한 우리 정서를 반영하는 자살이다.

내가 낳은 자식이라도 자식의 생명은 엄연히 자식의 것이다. 부모의 소유물이 아닌데도 자식의 생명을 결정하는

것은 아마도 관계를 중요시하는 우리식의 정서 때문인 듯하다. '부모 없는 자식'의 미래를 염려해 저지르는 일일 텐데, 참으로 안타까운 일이 아닐 수 없다.

그 외에도 죽음의 순간을 함께하고자 자살자를 모집하는 온라인상의 사이트도 횡행하는데, 이러한 집단적 죽음을 접할 때마다 처참한 심경이 되는 것은 삶과 등가의 가치로 죽음이 지녀야 하는 존엄함이랄까 하는 것이 훅 무너져버린 듯 느껴지기 때문이다.

자살 행위를 하는 자살자들에게는 공통된 생각 하나가 있다. 바로 많은 경우 자살을 문제 해결의 수단으로 인식한다는 것이다. 나만 없어지면 모든 것이 해결될 것이라고 생각하는 것인데 실제로도 자살자의 유서를 분석해보면 그러한 생각이 지배적인 것을 알 수 있다.

자살을 문제 해결의 수단으로 보는 것은 사실상 그것에 대해서 용인하는 사회적 분위기가 만연해 있기 때문이 아닌가 한다. 그래서 그러한 사회적 분위기가 또다시 자살을 부추기는 악순환이 반복되고 있는 것은 아닌지 고민하게 된다. 그리고 그러한 사회적 분위기를 형성하는 데는 대중매체의 영향이 크다.

우리나라 자살의 마지막 특징으로 든 대중매체의 자살 보도 영향은 일명 베르테르 효과Werther Effect로 볼 수 있다는 시각이 있다. 베르테르 효과란 유명인이나 평소 자신이 좋아하던 인물이 자살할 경우 그 인물과 자신을 동일시해서 자살을 따라하는 현상을 말하는데, 이를 두고 모방 자살이나 자살 전염이라고 이야기한다.

그런데 사실 자살이 전염된다는 이러한 시각은 실상과 다르다. 자살은 정상적인 사람에게는, 이때 정상적인 사람이라는 것은 소통의 단절이 없고 소속감이 있으며 다른 사람에게 짐이 된다는 의식이 없는 사람을 뜻하는데 이러한 정상적인 사람에게는 절대 전염되지 않는다.

다만 이러한 정상 범주를 벗어나 심리적으로 허약한 사람에게는 확실히 전염의 문제가 발생할 수 있다. 문제는 본인의 상태가 정상인지 아닌지를 모르는 데 있다. 자신도 자신의 상태를 모르고 있다가 자신이 좋아하는 사람이 죽었을 때, 예컨대 가족이나 대중매체에서 자신이 좋아했던 사람의 죽음을 맞닥뜨리게 되면 심리적 허약 상태에서는 영향을 끼치게 된다는 것이다.

자살은 개인적·사회적·국가적인 관심으로 막을 수 있다.

무관심이야말로 가장 큰 자살 방조

앞서 말한 샌프란시스코 금문교는 유독 자살자가 많이 발생하는 곳으로 유명하다. 그래서 자살 방지 펜스를 설치하는 것을 두고 열띤 토론이 벌어진 적이 있는데, 방지 펜스 설치를 반대하는 측은 비용이 많이 드는 것에 비해 효과가 없다고 주장했다. 자살을 결심한 사람은 어차피 자살을 하기 마련이라며 "금문교를 찾아 자살하려는 것은 유명한 데서 죽으려고 한 것일 뿐 여기서 자살하지 못하면 딴 데 가서 자살할 것이다"라는 것이 그들의 논점이었다.

이에 실제로 그들의 말이 맞는지 조사해봤고, 그 결과 밝혀진 실상은 그들의 주장과 달랐다. 한번 자살 제지를 받은 사람 중 67퍼센트는 다시 자살 시도를 하지 않고 자신의 평균 수명을 다했다. 누군가의 자살 시도는 오랫동안 준비하고 생각해온 결심의 표출이지만 막상 그날 누군가의 중재로 당신의 잘못된 판단이 어떤 결과를 야기하는지를 진심으로 이야기해주면 그 사람의 마음이 죽음이 아닌 쪽으로 움직인다는 것이다.

그래서 우리나라에서도 자살 장소로 유명했던 마포대교에 자살 방지 캠페인을 벌여 자살률을 많이 줄인 것으로 알고 있다. 삶의 소중함에 대한 글귀도 붙여놓아 자신의 선택을 돌아보게 하고 경찰도 수시로 순찰하면서 자살자를 방지하고 있는데, 실제로 효과가 있는 굉장히 훌륭한 정책이라는 것이다. 미국도 몇 년 전에 금문교에 높은 펜스를 설치했는데 이전에 어차피 자살 시도자는 죽을 사람이라고 주장하며 설치를 반대했던 정치인은 상당한 비난을 받기도 했다.

자살, 그야말로 많은 사람들이 한 번쯤 떠올리게 되는 실체가 있는 명사다. 사실상 자살에 대한 인식은 누구에게나 있는 것이다. 누구나 한 번쯤은 너무 힘든 일을 당했을 때 생각해볼 수 있는 것이 자살이니까 말이다. 사회적 동물로서 인간이 행하는 가장 비극적 행위가 아닐 수 없는데, 더불어 사는 삶 속에서 이를 우리의 문제로 함께 인식하고 대처함으로써 가능한 사회적 요인으로 발생하는 자살은 막아야 한다.

자살은 예방할 수 있다. 자살 사고는 단계적으로 일어나는 일로, 우선 자살을 오래도록 계획한 후에 자살 시도를 하게 되기에 중간에 누군가 도움의 손길을 내밀어주면 충분히 예방이 가능하다. 가족을 비롯한 주변 사람들의 관심 그리고 사회적 안전망까지 잠재적 자살자에 대한 우리의 따뜻한 시선이 필요하다.

국가적으로도 자살 방지 정책을 시행하는 데 일정 정도의 예산을 들이는 것을 당연시해야 한다. 자신의 문제가 아니라고 무조건 반대하기보다 자살 문제에 관해서만큼은 모두가 한마음이 되어 안타까운 죽음이 줄어들 수 있도록 해야겠다.

그리하여 시신을 부검해야 하는 법의학자로서 꽃피는 봄이 오면 꽃보다 시신을 더 많이 마주보는 시간이 줄어들기를 바란다.

1. 법의학을 한 나라의 인권 의식의 지표
로도 볼 수 있을 것 같은데, 한국에는 법
의학이라는 학문이 언제부터 생겼는가?

우리나라의 법의학 역사는 시간을 거슬러 올라가
조선 초기 1440년(세종 22)에 발행한 『신주무원
록新註無寃錄』과 『신주무원록음주新註無寃錄音註』로부터
시작한다. 이 책은 중국의 원나라에서 발행한 『무
원록』을 번역한 것으로 『무원록』은 이미 송나라
에서 1205년경에 발행한 『세원록洗寃錄』이나 『평
원록平寃錄』을 계속 수정해 만든 책이다.

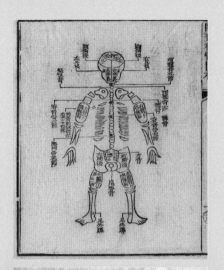

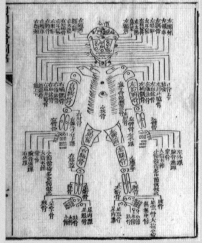

송나라에서 간행된 법의학서 『세원록』.

이후 1748년(영조 24)에 『증수무원록增修無寃錄』, 1792년(정조 16)에 이를 수정 증보한 『증수무원록언해增修無寃錄諺解』, 1799년(정조 23)에 『심리록審理錄』이 발행되었으며, 순조 년간에 『검요檢要』, 1822년(순조 22)에 『흠흠신서欽欽新書』, 그리고 『시장屍帳』 등의 법의학에 관한 전문 서적이 발간되었다.

뿐만 아니라 조선 시대 때는 법의학에 관한 서적 외에 실용적인 실무 제도 또한 훌륭했다. 기록에 따르면 이미 세종 때 법의학적 지식이 실제 재판 과정에서 활발하게 활용된 것으로 알려져 있다.

이에 더해 관리들이 검시를 할 때 반드시 현장에 나가 임검臨檢하도록 했는데, 이때 각각 다른 지역의 관리 두 명이 검시를 하는 복검제覆檢制가 실시되었다.

그러나 이러한 훌륭한 서적과 제도도 나라의 운명과 흥망을 같이 하고 만다. 일제 식민지 통치 하의 재판에서 법의학 따위는 필요가 없었기에, 결국 일제강점기에는 우리 조상들의 법의학을 계승할 길이 막히고, 관련 제도는 자취를 감추게 되었다.

다만 일본에 의해 이 시기에 이른바 근대 법의학이 시작되어 1930년 4월 18일에 경성제국대학 의학부에 법의학교실이 만들어졌다. 동경제국대학 의학부 법의학교실 조수인 사토 다케오佐藤武雄가 담당 교수로 법의학을 강의했고 이는 해방까지 존속되었다.

세브란스 의학전문학교, 지금의 연세대학교 의과대학은 교수직에 있던 최동 교수를 동북제국대학에서 연수받도록 하여 1930년부터 법의학을 강의했다.

또한 경성여자 의학전문학교, 지금의 고려대학교 의과대학에서 외과 조교수로 근무하던 김만달 박사는 스스로 규슈제국대학에서 법의학을 연수하고 해방되자 당시 대구의과대학, 지금의 경북대학교 의과대학에 법의학교실을 창설했다.

이렇듯 일본인들에 의해 우리나라 민족 문화 말살과 더불어 법의학 전통도 송두리째 끊어질 위기에 놓였었지만 두 명의 선각자에 의해 우리나라 법의학의 명맥이 계속해서 이어지게 되었다.

이후 현대 법의학은 문국진 교수에 의해 태동되었다. 앞서 이야기했지만 그 시작은 매우 드라마틱하다.

짧게 요약하면 서울대학교 의과대학 3학년 시절, 외출을 했다가 우산도 없이 갑자기 소나기를 만난 그는 비를 피할 생각으로 마침 옆에 있던 헌책방에 들어간다. 그리고 그곳에서 일본어로 되어 있는 『법의학』이라는 책을 발견하게 되었고, 이를 계기로 법의학에 관심을 가지고 공부를 하게 되었다고 한다.

그러나 그때는 앞서 언급한 최동 교수와 김만달 교수가 이미 돌아가신 후라 배울 곳이 없었고, 문국진 교수는 독학으로 일본과 미국 책을 탐독한 후 일본과 미국으로 유학을 가서 법의학이라는 학문을 배워 온다.

문국진 교수는 국과수 창립 멤버로, 홀로 법의학과장으로 근무하다가 1970년 우석대학교 의과대학 병리학교실 부교수로 취임했다. 그리고 이후 1976년 9월 1일 고려대학교 의과대학에 법의학교실을 창설해 1990년 8월 정년퇴임까지 법의학 전반, 그중에서도 특히 법의혈청학과 의료법학에 많은 업적을 남겼다.

한편 경성제국대학 의학부는 당시 일본인에 의해 이어지다 해방 후에 없어졌다. 이후 서울대학교 의과대학은 국립 의과대학으로서의 법의학교실을 창설하기 위해 여러 방면으로 노력을 기울였다.

그리고 마침내 1984년 4월 1일에 법의학교실을 만들어 이정빈 교수를 법의학 교수로 임명했다. 이후 이윤성 교수가 합류하면서 국내 법의학 발전에 크게 기여하게 되었고, 나 또한 이정빈, 이윤성 교수의 강의를 들으며 꿈을 키우게 되었다.

2. 연명의료 중단 등의 존엄사 문제처
럼 미래에 새로이 대두될 삶과 죽음에
관한 사안에 앞서 갖춰야 할 윤리적 자
세나 인식 변화에는 무엇이 있는가?

현 시대는 과학 기술의 발전에 따라 굉장히 빠
른 변화가 일어나고 있다. 뇌사가 인정되기까지
1990년대 후반에 치열한 논쟁이 있었지만, 지금
은 그 누구도 이에 딴지를 걸지 않는다. 연명의료
중단도 많은 사람들의 논쟁과 우려와는 달리 국
민적 합의가 자연스럽게 이루어지면서 올해부터
의료 현장에 도입되었다.

앞으로 다가올 의사조력자살 또는 의사조력사
망 등의 존엄사 문제도 우리 국민의 의식 수준의
진행과 함께 많은 논의를 거쳐 도입 여부가 결정
될 것이라고 본다.

즉 죽음에 대한 윤리적 자세나 인식은 사회
가 발전하면서 사회 구성원의 합의에 따라 결
정할 문제라는 것이다. 따라서 죽음에 대한 지

나친 공포나 경시 없이 건전한 사회인으로서의 역할에 최선을 다하는 것이 미래를 맞이하는 자연스러운 자세라고 본다.

다만 우리가 늘 염두에 두어야 하는 단 한 가지 자세는 우리는 불멸할 수 없는, 언젠가는 소멸할 수밖에 없는 존재라는 점이다. 유한한 삶에서 자신에게 주어진 인생을 감사히 여기고 소멸 전까지 나와 다른 사람에게 최선을 다하는 자세가 앞서 언급한 건전한 사회인으로서의 역할이라고 본다.

---

3. 자살의 현실을 가까이에서 본 법의
학자로서, 지금 죽음을 떠올리고 있는
이들에게 해주고 싶은 말이 있다면?

자살은 우리나라에서 심각한 문제가 되었다. 많은 사람들은 자살이 자신의 문제를 해결하기 위한 손쉬운 방법이며, 자기 통제를 실천하는 수단

중의 하나라고 여긴다. 그렇지만 법의학자로서 오랫동안 지켜본 결과, 자살은 결코 문제의 해결책이 되지 않으며 오히려 나를 사랑하고 있지만 표현하지 못하던 주변의 많은 사람들에게 심리적 고통이라는 새로운 문제를 던져준다.

결코 자살은 자기 통제 수단의 합리적인 방법이 아니다. 오히려 자신을 하찮게 여기는 정서적 감정, 사회로부터 소속감이 없어지는 기분, 자포자기와 체념 및 절망 등의 정서 문제에 의해서 발생한다.

혹시나 지금 죽음을 떠올리고 있는 사람들이 있다면 자신의 정서 문제가 치료를 통해 회복될 수 있으며, 결코 자살이라는 돌이킬 수 없는 방법으로 많은 문제가 해결되지는 않는다는 점을 반드시 알아주기를 바란다.

정서 문제는 신체의 질병, 예컨대 감기 등과 같이 적절한 치료와 따뜻한 지지를 받으면 회복될 수 있다. 따라서 외부에 도움을 요청해 삶이라는 소중한 여정이 중단되지 않기를 바란다.

또한 자살이 특별하고 별난 사람에게 일어나는 일이 아니라는 인식이 사회 전반에 조성되어야 한다. 자살은 죽음에 대한 생각에 맞설 수 있는 사회적 시스템을 통해 막을 수 있다는 사실을 분명히 인지하는 것이 필요하다. 아울러 사회적 재원을 이러한 곳에 쓰는 것을 우리 사회 모두가 적극적으로 지지해주기를 바란다.

3부 _____ . ▪ ▪ ▪

죽음을

공부해야
하는

이유

100명의 사람이 있다면 100가지의 삶이 있고 100가지의 죽음이 있다. 나만의 고유성은 죽음에서도 발휘되어야 하지 않을까? 죽음과 친숙한 삶이야말로 더욱 빛나고 아름다운 삶이다. 이것이 죽음으로 삶을 묻는 이유다.

"이제야 깨달았도다.
생이 이렇게 짧은 줄"

죽음이 있는 삶을 직시하다

'한 번뿐인 삶!' 지극히 당연한 말인 듯하지만 이처럼 문제적인 표현도 없을 듯하다. 우리는 삶이 단 한 번뿐일지, 유대교, 기독교 및 이슬람교 등의 유일신 종교에서 이야기하는 영원한 삶이 있을지, 힌두교와 불교에서 믿는 것처럼 윤회라는 것이 있어서 사후에도 또 다른 삶으로 이어질지, 철학자 니체가 설파했듯이 영원 회귀Ewige Wiederkunft가 될지에 대해 아무도 모른다.

아직까지는 그렇다. 과학적으로 증명된 바도 없다. 그러나 이번 생에서 우리가 지각하는 삶이 한 번뿐이라는 사실에는 모두 동의할 것이다. 그렇듯 단 한 번뿐이기에, 결코 되돌릴 수 없기에, 우리 모두의 삶은 그 무엇에도 비할 바 없이 소중하다는 것은 그야말로 진리의 영역이라 할 수 있다.

그래서 그 진리를 품고 우리의 소중한 삶을 어떻게 살고 어떻게 죽어야 하는가에 대해 우리는 끊임없이 숙고해야 한다. 삶을 성찰하듯 죽음을 함께 성찰하는 것이 삶에 대한 정성스러운 자세인 것이다. 그렇게 나이가 많다고 할 수도 없고 인생의 통찰력도 부족한 나이지만, 그래도 법의학자로서 보통 사람들보다 일상에서 많은 죽음을 경험하면서 최소한 어떻게 죽을 것인가에 대해서는 전할 이야기가 있을 것 같다.

인도판 그리스 로마 신화로 불리는 대서사시『마하바라타Mahābhārata』를 그린 동명의 그림에는 이야기 속 주인공과 악역이 맞붙는 유명한 전투 장면이 그려져 있다. 악역은 '카르나'라는 무사인데 이 악역과 주인공은 형제지간이다. 요즘의 소위 막장 드라마뿐만 아니라 오래된 대서사시에도 주요 등장인물들의 관계에는 굉장히 복잡한 사연이 깃들어 있기 마련이다. 어쨌든 악역 카르나는 마지막 전투 전 패배를 예감하고 다음과 같은 말을 한다.

I see it now. This world is swiftly passing!

이제야 깨달았도다. 생이 이렇게 짧은 줄을!

예전에 영문으로 된『마하바라타』를 읽었었는데 당시
이 대목에서 굉장히 큰 감동을 받았었다. 카르나라는 인물
이 악역임에도 불구하고 자신의 운명을 직시하고 한탄하
는 데서는 비장미와 숭고미가 함께 느껴지기까지 했으니
말이다.

죽음은 서늘한 여름과도 같은 것

〈문명〉이라는 게임이 있다. 오래전 학생들이 많이 했던 게
임인데, 심심풀이 게임이지만 거기에 등장하는 캐릭터를
통해서도 삶과 죽음에 관한 여러 가지를 배울 수 있었다.
문명을 세우고 망하게 하는 캐릭터라니 그처럼 위대한 일
을 하려면 실로 엄청난 고뇌를 품고 있지 않겠는가.

게임이 아닌 책에서는 영웅의 이미지가 보다 확실하게
그려지는데, 대표적으로『삼국지三國志』에서 '조조'가 죽는
장면이 내게는 머릿속에 강렬한 이미지로 많이 남아 있다.
어릴 적 처음『삼국지』를 읽었을 때는 조조에 대해 안 좋은

감정을 가지기도 했다. 조조라는 캐릭터가 굉장히 비열한 모사꾼 이미지로 남아 그저 나쁜 사람이라는 인식이 강했기 때문이다.

그런데 이후 여러 평역을 읽으면서 조조에 대해 색다른 매력을 발견하게 되었는데, 특히 조조의 마지막 죽음 장면이 그러했다. 원본이 아닌 『삼국지』 이본에서 조조는 관우의 혼령을 본 후 혼비백산해 그다음부터 시름시름 앓다가 죽었다고 되어 있는데, 중국에서 제작한 〈신삼국지〉라는 드라마에서는 조조의 마지막을 다음과 같은 유언으로 맺고 있다.

죽음은 서늘한 여름과 같다. 과거에도 사람들이 나를 오해했고, 현재도 사람들이 나를 잘못 알고 있고, 미래에도 사람들이 아마 나를 잘못 알고 있겠지만, 나는 그것이 두렵지 않다.

방금 이야기한 무사 카르나나 조조는 사실 비슷한 위치에 있는 인물이다. 인도와 중국에서 굉장히 유명한 고전 속 인물로서 그 맡은 바 역할이 악역인 셈인데, 각기 죽으면서 말한 생의 소회라는 것은 조금 다르다.

삶의 허무함을 이야기한 도요토미 히데요시.

그 비슷한 인물로 일본에는 도요토미 히데요시豊臣秀吉가 있는데, 그의 마지막 말은 꽤나 유명해서 많은 사람들이 알고 있다. 일본 무사들은 꼭 죽기 직전에 남기는 말이 있는데 유언이라고도 하지만 그보다는 생의 마지막 소회와도 같은 경구라고 할 수 있다.

나의 몸은 이슬에서 와서 이슬로 사라진다. 나니와難波의 영
화도 꿈속의 꿈이런가.

지금의 오사카인 나니와를 수도로 삼고 살았던 도요토
미 히데요시는 죽으면서 흡사 호접몽胡蝶夢을 생각나게 하는
마지막 말을 남겼다. 자기의 몸은 이슬에서 나와서 이슬로
사라지는 것이며 자기가 누렸던 많은 영화는 고작 꿈속의
꿈이었다고 말이다.

죽음에는 예감이 필요하지 않을까?

죽음을 앞둔 사람들은 마지막에 저마다 다른 모습으로, 굉
장히 다양한 패턴을 보인다. 사육신死六臣 중의 한 사람인 성
삼문成三問은 죽음을 앞두고 이렇게 말하며 죽음에 대한 자신
의 의연함을 드러냈다.

擊鼓催人命 북치는 소리 사람의 명을 재촉하는데
回頭日欲斜 머리를 돌이키니 해가 넘어가려고 하는구나
黃泉無一店 황천에는 주막 하나 없다 하던데
今夜宿誰家 오늘 밤은 뉘 집에서 묵고 갈꼬

임금 중에서는 실록에 기록된 태종의 말을 기억할 만하다. 딱히 유언은 아니나 자식 사랑이 유난했던 마음을 느낄 수 있다.

세자는 몸이 허하니 상중이라도 꼭 고기를 먹도록 해라.

논문[8]을 쓰기 위해 수백 명의 유서를 살펴본 적이 있는데, 절대다수라고 할 수는 없지만 그중 많은 사람들이 심지어 자살 유서에서도 이러한 말들을 남긴다.

○○야, 내 통장은 큰방 책상 두 번째 서랍에 있단다.
미안하다. 먼저 가서. 그리고 절대 내 빚은 상속받지 마라.

유서라는 것이 우리 생각에는 마치 제갈량이 출사표를 던지듯이 길게 인생을 회고하며 쓸 것 같지만 그렇지 않다. 이렇듯 의외로 굉장히 짧은 경우가 많다. 요즘에는 노년층 중에도 카카오톡이나 페이스북과 같은 SNS에 유서를 올리는 경우가 있다.

한국인 유서의 특징은 유난히 자식 걱정을 많이 한다는

것이다. 명문가의 유명한 가훈과 유언을 다룬 책을 보면 굉장히 다양한 형태이기는 하지만 모두 자식에게 죽기 직전까지 인생의 지혜를 전해주려는 노력이 들어 있는 것을 알 수 있다.

또한 과거와 현재의 죽음 사이에는 한 가지 다른 점이 생겼다. 바로 예감이다. 예전에는 서서히 노화가 시작되어 늙어가다가 어느 순간 생의 기미가 푹 꺼지는 지점이 찾아왔고, 주변 사람들은 이것을 인식할 수 있었다. '아, 이제 돌아가시겠구나' 하고 말이다. 노년층 중에는 부모님이나 할머니, 할아버지의 죽음을 예감하고 어느 정도의 심리적인 준비를 마친 후 돌아가신 것을 확인하고 장례를 치렀던 기억을 간직하고 있을 것이다.

그런데 지금은 많이 달라졌다. 예감이라는 것이 비집고 들어올 틈이 없다. 그래서 '어떻게 죽을 것인가'라는 문제는 과거와는 매우 다른 양상을 보인다. 과거에는 자신의 삶이 얼마 남지 않은 것을 알고 "죽음은 서늘한 여름과 같다"는 말도 할 수 있었고, "세자는 몸이 허하니 상중이라도 고기를 꼭 먹어라"라는 말도 할 수 있었다. 그러나 지금은 마음에 품었던 이야기를 남길 틈도 없이 병원에서 아무런 준비나 의식 없이 마지막 생을 보내게 되는 것이 대부분이다. 그래서 우리는 이처럼 급작스러운 죽음에 대해 고민을 많이 하게 된다.

죽음은 실패가 아닌 자연스러운 질서

죽음을 맞이하는 태도에 관한 여러 논문도 나와 있는데, 죽음에 관한 태도는 크게 세 가지로 구분해볼 수 있다. 첫 번째는 죽음을 삶의 자연스러운 끝, 자연의 마지막 질서이자 나의 스토리의 마지막 종결로 보는 태도다. 이것을 중립적 수용neutral acceptance 자세라고 한다. 나 또한 유물론적 입장을 갖는 과학자로서 죽음이란 특정한 생명의 실패가 아닌 사물의 자연스러운 질서라고 생각한다. 아마 다들 동의할 것이라 믿는다.

미국 팝그룹 아바ABBA의 노래에서 삶을 즐거운 모험이라고 표현한 것과 천상병 시인의 시 「귀천」에서 삶을 즐거운 소풍이었다고 비유한 것처럼 죽음은 삶의 자연스러운 끝이라고 보는 것이다.

그런데 종교적인 내세관을 가진 사람들은 또 다른 태도를 보이기도 한다. 이들은 행복한 내세에 대한 믿음으로 접근적 수용approach acceptance 자세를 보인다. 김수환 추기경께서 그랬던 것처럼, 아마도 신께서 나를 기다리고 계시고, 나는 이 세상의 소임을 다하고 돌아간다는 생각을 하는 것이다.

그리고 마지막 세 번째 태도는 죽음에 관한 가장 안 좋은 자세라고 여겨지는데, 바로 죽음을 고통스러운 삶의 탈출로 받아들이는 탈출적 수용escape acceptance 자세다. 이는 사망 전 신체적 고통 등에 의해 유발될 수도 있으나, 이렇듯 자신의 삶을 부정하는 자세로는 결코 행복한 죽음을 맞기는 어렵지 않을까 하는 생각이 든다.

예전에 우리 부모님들이 누군가의 죽음을 접하면 자주 하시던 말씀이 "흙에서 와서 흙으로 돌아간다"는 것이었다. 상갓집에 갔다 오시면 소주 한 잔 드시면서 쓸쓸한 어투로 "죽음이란 그런 거야"라고 말씀하셨는데 그러한 평범한 사람들의 말이 진리가 아닐까 생각한다. 사물의 자연스러운 질서 말이다. 다만 이 질서에 우리가 어떻게 적응해야 하는지, 우리가 어떻게 받아들여야 하는지에 대한 그 태도가 정말 중요한 것이 아닌가 하는 생각이 든다.

그리고 이러한 생각 끝에는 죽음 이후의 일도 자연스럽게 떠올리게 된다. 죽음을 준비한다는 것은 삶을 정리하는 일이기도 하지만 죽음 이후를 시작하는 일이기 때문이다.

신의 존재를 믿는가? 물론 믿는 사람도 있고 믿지 않는 사람도 있을 것이다. 그런데 믿음이 있는 사람들은 어떻게 신을 증명할 수 있을까? 신은 왜 자신의 존재를 똑똑히 드러내 보이지 않는 것일까? 신은 우주 만물의 창조주라는데 이것을 무엇으로 증명할 수 있을까? 영혼이란 무엇인가? 인간이 죽은 후에 영혼은 죽지 않고 천국이나 지옥으로 간다는 것을 어떻게 믿을 수 있을까?

이러한 질문들은 누구나 쉽게 할 수 있는 것이기는 하지만 죽음 앞에서는 더욱 절실한 질문이 되기도 한다. 삼성 창업주인 이병철 회장은 본인의 죽음을 직감하고 종교계의 많은 지도자들에게 신과 인간에 관한 질문 24가지를 구체적으로 던졌다고 한다. 죽으면 우리가 어떻게 되는지 굉장히 궁금했던 것이다. 대한민국 제일가는 성공한 기업가로 살았지만 이병철 회장은 삶의 마지막을 죽음 이후의 문제에 천착했었다.

아마 이병철 회장도 현세의 영광이 죽음 이후 그냥 꿈속의 꿈으로 끝날지, 어떻게 될 것인지, 만약 종교에 귀의할 수 있다면 어떨지 생각했던 것 같다. 이병철 회장의 마지막 질문에 대한 답변을 모은 책도 나와 있는데, 안타깝게도 내게는 진정한 답변이 되지 못했다.[8] 아마도 영원히 답변을 얻을 수는 없을 것이라고 생각한다.

죽음은
내 인생의 마지막 스토리

'부정'에서 '수용'까지, 죽음의 5단계

엘리자베스 퀴블러 로스Elizabeth Kubler Ross라는 유명한 죽음학자가 있다. 인간의 죽음에 대한 연구에 일생을 바침으로써 우리에게 죽음학이라는 학문을 각인시킨 인물로, 그녀는 실제로 죽음을 앞둔 사람들을 인터뷰해서 죽음에 대한 인간의 심리학적 반응을 '퀴블러 로스 사망 단계'라는 5단계로 정리한 바 있다.

첫 번째는 '부정'이다. 그럴 리 없다고 생각하는 것이다. 예컨대 "당신의 생명이 얼마 안 남았습니다"라는 이야기를 의사나 가족에게 들으면 그럴 리 없다고 화를 낸다. 내게는 그런 일이 생길 수 없다고 생각하며 진단을 내린 병원을

사망을 5단계로 정의한 엘리자베스 퀴블러 로스.

'돌팔이' 운운하며 불신하고 이내 다른 병원을 찾아간다.

그런데 다른 병원에서도 같은 진단이 나오면 그다음 두 번째 심리적 단계인 '분노'를 보인다. 어째서 이런 일이 나에게 생겼는지를 따지면서 화를 내는 것이다. 신에게 분노하는 경우도 있고 가족들에게 분노하는 경우도 있다. 신에게 하는 분노는 내가 이렇게 평생 열심히 살아왔는데, 왜 이제 살 만하니까 나에게 이런 고통을 주느냐고 항변하는 것이다. 그다음 다른 사람에게 분노하는데, 이는 투사 형태로 나타난다. 상대방 때문에 내가 고생했다는 마음을 속으로 품게 되는 것이다.

그리고 세 번째 타협, 즉 '협상'의 심리적 단계로 넘어간다. 협상도 두 군데에 한다. 우선 의사를 상대로 애걸복걸한다. "의사 양반, 내 이번만 살려주면 열심히 살겠소. 내가 아직 할 게 많아, 아이도 아직 다 안 컸고, 우리 마누라도 나 없으면 죽어요"라며 매달리는 것이다. 그리고 또 다른 협상 대상은 신이다. 신에게 "이번 한 번만 살려주시면 제가 기부도 많이 하고 착하게 살겠습니다"라고 간절히 기도한다. 한동안 이렇게 협상을 갈구하다가 그것이 잘 이루어지지 않는다고 생각되면 보통 우울해진다.

이내 네 번째 단계인 침체와 '절망'의 단계에 들어서는 것이다. 그리고 마지막 다섯 번째 단계인 '수용'이 일어나게 된다. 이제 어쩔 수 없이 받아들이게 되는 것이다.

환자들에 따라서는 이 다섯 단계들의 순서를 다르게 겪기도 하고, 어떤 이는 몇 단계나 모든 단계를 왔다 갔다 반복적으로 겪기도 하며, 또 어떤 환자들의 경우에는 이 다섯 단계들 중 어느 것도 겪지 않기도 한다. 이 다섯 단계는 퀴블러 로스가 조사한 일반적인 통계적 결과라고 보면 된다.

퀴블러 로스가 죽음의 수용 단계를 조사한 20~30년 전만 하더라도 우리 인생에는 그레이존이라는 것이 없었다. 즉 옛날에는 인생의 시점이 불분명하지 않고 명확했으며, 자신이 어느 시점에 죽을지를 알 수 있었다는 것이다. 물론 일시까지 자세히 알 수는 없었지만 언제쯤 자기가 죽을지를 예감하고 나의 내레이션으로 나의 인생 스토리를 짤 수 있었을 것이다.

그런데 요즘은 불분명한 그레이존 때문에 자신이 정확히 인생의 어느 시점에 있는지를 알지 못한 채 우울해하다가 적극적인 수용, 예컨대 초월과 승화라는 조금 더 긍정적인 반응을 보일 겨를이 없이 죽게 되는 것이 대부분이다.

나의 것이어야 할 죽음의 순간

생을 하나의 여정 또는 작품이라고 본다면 죽음은 마지막 종착지 또는 스토리라고 할 수 있다. 즉 나만이 완성할 수 있는 내레이션인 것이다. 그런데 현재의 죽음은 의사의 내레이션이 되고 말았다. 내 인생을 내가 끝내야 하는데, 인생의 결정권이 생판 모르는 의사나 가족에 의해 행사되고 있다. 물론 그것을 원하는 사람도 있다. 그럼에도 각자의 삶은 각자의 소유이고 스스로가 결정권자여야 한다는 기본 원칙에서 본다면 연명의료는 현대 의학에서 가장 큰 문제다.

건강보험정책연구원이 2014년 8월 전국의 만 20살 이상 1500명을 대상으로 한 조사에서는 임종을 원하는 장소로 57.2%가 집을 선택했다. 다음은 호스피스 완화의료, 병원, 요양원 순이었다.[9]

그런데 실제로 집에서 임종을 맞이하는 것은 매우 힘들다. 통계청 사망 통계에 따르면, 1989년에는 사망 장소로 집이 77.4퍼센트, 병원이 12.8퍼센트 비율이었으나, 2012년에는 사망 장소로 집이 18.8퍼센트, 의료기관이 70.1퍼센트, 사회복지시설 등의 기타가 11.1퍼센트의 비율을 차지하고 있었다.

그리고 "가족과 함께" 죽음을 맞고 싶다는 소망도 병원 중환자실에 들어가는 순간 사라지게 된다. 사고가 아닌 암이나 뇌혈관 질환, 심혈관 질환을 앓는 환자라면 중환자실에서 가족과는 떨어진 상태로 홀로 죽음을 맞을 가능성이 높다.

물론 곁에 간호사가 있을 수 있겠지만 의사에게 심폐소생술을 받으면서 죽을 가능성이 높다는 것이다. 유명한 미국 논문에 의하면 중환자실에서 6개월의 치료를 담당한 가족들은 그 치료가 끝나고, 즉 환자가 죽고 난 다음에 심각한 우울 증세를 나타낸다고 한다. 병원에서의 오랜 투병 생활이 환자의 가족에게까지 트라우마를 남긴다는 것이다.

하버드 외과대학과 보건대학 교수인 아툴 가완디Atul Gawande의 『어떻게 죽을 것인가Being Mortal』라는 책이 있다. 인간다운 죽음을 강변하며 무의미하고 고통스러운 연명의료에만 급급해하기보다 삶의 마지막 순간을 과연 어떻게 인간답게 살아갈 것인지 돌아보라는 것이 이 책이 던지는 메시지다. 이 책을 읽고 평소의 내 생각과 너무 비슷하다는 점에 깜짝 놀랐다. 아툴 가완디는 외과의사인 만큼 죽음에 대한 관심이 많아서 본인이 경험했던 장모님의 죽음부터 시작해 여러 가지 죽음에 관한 이야기를 담았다. 그리고 죽음을 통해 삶의 이야기를 전했다.

그러니까 인간다운 죽음이란 일방적으로 병원에서 제시하는 해결책을 따르는 것이 아니라 스스로의 선택을 행사하는 것을 뜻하는데 이러한 선택을 현명하게 할 수 있도록 이것저것 안내자 역할을 하는 것이 병원 본연의 역할이라는 것이다.

우리나라 통계도 있지만, 실제 미국 통계를 보면 전체 보건 의료 예산의 10~12퍼센트가 삶의 마지막 기간 1년 동안에 쓰인다. 마지막 한 달 동안 쓰는 비용이 거의 5퍼센트가 넘는다. 삶의 마지막을 간신히 유지하는 데 어마어마한 돈이 지출되는 것이다. 그 어마어마한 돈, 마지막 비용이 바로 중환자실 비용이다. 몸의 모든 혈관과 모든 구멍에 줄을 달고 생명을 연장하는 데 드는 비용은 사실 굉장히 비싸다. 우리나라도 마찬가지다.

내가 중환자실에서 가장 많이 느끼는 것은 죽음에 대한 대화가 단절됨으로써 오는 가족 간의 비극, 그에 대한 안타까움이다. 특히 죽음을 앞둔 환자가 부모님이라면 어떤 자식이라도 대부분, "우리 부모님 꼭 살려주십시오"라는 이야기를 한다. 정말 고생 많으셨던 부모님이라서 이렇게 보내드릴 수는 없다는 것이다. 그런데 이렇게 입원한 경우 대개 말기암 환자이다. 사실상 죽음에 대한 준비가 필요함에도 환자와 가족은 '죽음'을 두고 대화하지 않는다.

나 또한 인턴, 레지던트 때는 당사자인 부모님들이 아

닌, 가족에게만 병을 밝혔다. 부모님이 아시면 충격받으셔서 더 병이 악화될 수도 있으니 가족과 나만의 비밀로 하는 경우가 많았다. 하지만 당사자 또한 치료를 받으면 당연히 느낌이 오기 마련이다. 그럼에도 두려워서 가족 간에 대화를 못 한다. 실제로 "내가 죽는 거니?"라고 묻고 진행될 대화가 너무 두렵기 때문이다.

그리고 마침내 환자가 혼수상태에 빠지게 되면 그다음에 아들이나 딸이 꼭 하는 이야기가 "이렇게 보내드릴 수는 없다. 하고 싶은 말을 다 못 했다"는 등의 한탄이다. 때문에 어떻게든 살려내길 원하게 되고, 혼수상태에서 실제로 다시 깨어나기는 매우 힘듦에도 연명의료에 매달리게 되는 것이다. 하지만 그 상태에서 한 달, 두 달이 지나고 나면 많은 사람들이 고민을 하게 된다. 어떤 고민일까?

좋은 죽음을 위한 웰다잉법

환자의 가족이 괴로운 가장 큰 이유는 앞서도 말한 바 있지만, 지금의 상태가 부모님이 원하는 마지막이 아니었을 것이라는 자괴감 때문이다. 그러한 자책감 때문에 괴로워하다 결국 여기서 그냥 멈췄으면 하는 것이 통상적인 가족의 심리적 상태라고 할 수 있다. 그래서 '세브란스 김 할머니 사건'이 있었으며 이후 그에 관한 소송 등으로 웰다잉well-dying에 대한 사람들의 관심이 촉발되었다.

그리고 연명의료에 따르는 비용 또한 문제다. 아툴 가완디는 책에서 이제 곧 죽음을 맞이할 사람들에게서 삶을 정리할 기회를 박탈하고, 마지막 순간까지 집중 치료에만 신경을 쓰는 미국 의료 시스템을 신랄하게 비판한다. 그런데 우리나라는 이 점에서 미국보다 더욱 심각한 편이다.

우리나라는 항암제를 임종 1개월 전에 30.9퍼센트의 환자가 사용한다. 사실상 임종 1개월 전이면 이제 삶이 얼마 안 남았을 때다. 이때는 삶의 마지막 정리를 위한 통증 조절이 가장 중요한 시점임에도 불구하고 통증 완화에 결정적인 역할을 하는 모르핀 사용은 2.3퍼센트에 불과하다. 그래도 미국은 50퍼센트가 넘는다. 그렇다면 왜 우리나라는 2.3퍼센트에 불과한 것일까? 이것은 건강보험심사평가원과 국민건강보험 시스템의 문제다.

물론 우리나라 국민건강보험은 전 세계적으로 비교해 봐도 대만이나 일본을 제외한다면 비할 데 없이 매우 우수한 시스템이다. 그럼에도 마지막 모르핀 사용에 대해서는 가차 없이 예산을 삭감한다. 그래서 의사들이 처방하고 싶어도 할 수가 없다. 환자가 통증이 심할 경우 이를 처방해서 통증을 없애야 정상적인 생활을 하고 마지막까지 본인의 여러 가지 일들, 자식들에게 남기는 당부의 말이라든지 삶의 정리라는 것을 할 수 있는데 그럴 수가 없는 것이다.

또 우리나라의 경우 전체 임종 환자의 33.6퍼센트가 응급실을 사용한다. 이것은 모르핀 사용과도 관련이 있는 것으로, 통증 억제가 안 되니 무려 3분의 1에 해당하는 환자들이 임종 1개월 전에 응급실행을 해야 한다는 것이다. 너무나도 불편한 시스템이 아닐 수 없다.

아툴 가완디가 비판하는 미국 내 의료의 불합리에 남 이야기처럼 고개를 저을 일이 아니다. 우리나라는 아예 그러한 부분에 대한 통찰, 인사이트가 전무하다고도 할 수 있다. 정부에서 대책의 필요성을 느끼지 못하는 것이다. 그래도 다행히 1997년 '보라매병원 사건' 이후에 일명 '웰다잉 법'으로 불리는 '호스피스·완화의료 및 임종 과정에 있는 환자의 연명의료 결정에 관한 법'이 2016년 국회 법사위를 통과해서 2017년부터 시행되고 있는데, 일방적으로 죽음을 당하는 것이 아닌 스스로 맞이하는 죽음을 위해 이 법의

제대로 된 운용을 기대해봐야 할 것 같다.

무의미한 연명을 거부하다

스스로 삶을 종결하기 위해서 죽음을 대비하는 실질적인 방법에는 무엇이 있을까? 법적으로는 특수 연명의료로 행해지는 심폐소생술, 혈액투석, 항암제, 인공호흡기를 멈출 수 있다. 말기 암 환자라든지 에이즈 환자라든지, 어떤 질환을 갖고 있는 사람일지라도 이제 우리는 더 이상 무의미한 진료는 거부할 수 있다.

김수환 추기경께서는 폐렴이 악화되어 돌아가셨을 때 심폐소생술을 하지 말 것을 당부하셨다고 했다. 그리고 공권력으로 사망한 백남기 농민은 가족이 혈액투석을 거부했다. 물론 가족이 거부하는 것과 본인 스스로가 거부하는 것은 조금 다르지만, 어쨌든 이제 우리에게는 거부권이 있다는 사실을 인지하는 것이 중요하다.

그렇다면 그러한 거부권을 실제로 어떻게 행사할 수 있는가. 우선 의사를 통해 '연명의료계획서Physician Order for Life-Sustaining Treatment'라는 것을 작성하거나 스스로 사전연명의료의향서를 작성하면 된다. 연명의료계획서는 곧 제대로 된

양식이 나올 예정인데, 지금도 사설 업체에서 많이 배부하고 있고 인터넷에서 다운받아 작성해도 된다. 나는 이미 구체적인 '사전의료지시서Advance Directives'를 근무하는 병원에서 작성해서 후배에게 맡겨두었다. 연명의료계획서는 아내와 함께 충분히 의논 후 작성해 아들이 엄마, 아빠가 사망한 뒤 꺼낼 수 있도록 눈에 잘 보이는 곳에 넣어두었다.

본인이 결정하는 것을 이렇게 실천하면 된다. 내가 만약 회복 불가능한 의식 불명 상태가 되면 절대 심폐소생술 같은 것을 하지 않도록 미리 의사를 밝혀두는 것이다. 그러나 만일 사전에 그러한 의사 표현을 기록으로 남겨놓지 않았더라도 연명의료를 멈출 수 있다. 가족 2명이 "우리 아버지, 어머니가 이렇게 치료하는 것을 원하지 않으셨습니다. 더 이상 중환자실에서 생명을 연장시키지 않기를 바랍니다"라고 이야기했을 때 의사 2명이 허락하면 된다.

만약에 내가 자식도 없고, 남편이나 아내도 없다면, 법적 상속인이라든지 적법한 대리인이 할 수도 있다. 아니면 그조차 아무도 없을 경우, 돌봐줄 사람도 없고 나 혼자 사망하는 경우라면 병원 윤리위원회의 판단에 의해서 결정된다.

간단하게 이야기하면, 환자의 의사 표시가 있을 때는 당연히 그 의사를 존중하는 것이다. 그리고 환자의 의사를 추정할 수 있는 것이 있다면 가족 2명과 의사 2명만 확인해주면 되는 것이다. 추정할 근거가 없다고 하더라도 의사 2명과 가족 전원이나 법적 대리인 또는 병원 윤리위원회에서 합의하면 된다.

하지만 만일 그중 한 명이라도 반대하면 문제가 생길 수는 있다. 예를 들어 딸은 허락했는데 아들이 반대할 경우 연명의료를 할 수 있다. 본인 의사가 없다면 가족의 뜻에 따라야 하는 것이다. 그러므로 가장 중요한 것은 본인의 의사를 미리 밝혀두는 것이다.

이를 위해 연명의료에 관해 관심을 갖고 알아보고 결정하는 것이 필요하다. 물론 타자에 의탁하는 것을 포함해 어떤 결정이든 자신의 선택이라면 존중받아야 할 것이다.

▸ 명시적 의사
　- 연명의료계획서
　- 구체적 사전의료지시서 + 담당의사

▶ <u>의사 추정</u>

   - 평소 사전의료지시서 + 의사 2인

   - 가족 2인 + 의사 2인

▶ <u>대리 결정</u>

   - 가족 전원 + 의사 2인

   - 적법한 대리인 + 의사 2인

   - 병원 윤리위원회

장례식장에서 탱고를!

생의 마무리, 죽음 준비 활동

과거 세계보건기구에서는 20대에게 자살에 대한 강의를, 60대 이상에게는 죽음에 대한 강의를 하지 말 것을 권고한 적이 있었다. 하지만 이내 철폐되었는데, 세계보건기구의 우려와 달리 실제 실험 결과 그러한 강의에 긍정적인 효과가 있었던 것이다.

20대에게 자살 관련 강의를 하면 혹시 자살에 대한 선망이 생길까봐 걱정했으나, 오히려 청년들은 그러한 얘기를 듣고 자살에 대한 객관적 시각을 갖게 되어 삶을 더욱 긍정적으로 보는 성향을 나타냈다고 한다. 자신도 모르게 자살 충동으로 가는 내부적 위험 인자가 조금 더 잘 발견되는 효과가 있었던 것이다.

그리고 60대 이상에게는 이제 죽음학 강의를 적극 권장하는 것이 시대적 추세다. 몇 년 전부터 일본 내에서 굉장히 유행해온 '종활'이라는 의미의 신조어 '슈카스終活'는 일본 노인들이 인생의 종말을 충실하게 마무리하기 위해 벌이는 죽음 준비 활동을 뜻한다.

종활이란 제2차 세계대전의 패전 직후 태어난 일본의 단카이團塊 세대가 은퇴를 전후한 시기에 생긴 문화다. 독신노인의 장례 절차와 유품 처리, 유언 등을 적는 공책인 임종 노트나 생전 장례 등 다양한 활동을 포함하고 있다.

일본은 단카이 세대가 늙어가며 이미 10년 전에 초고령사회로 진입했고, 현재 65세 이상 노인 인구가 전체 인구의 30퍼센트를 육박한다고 한다. 그러한 상황에서 종활은자연스러운 사회 풍토로 자리 잡았는데, 특이한 점은 노인뿐만 아니라 40~50대에서도 유행한다는 것이다.

2011년 발생한 도호쿠 대지진으로 1만 5000여 명이 숨지고, 3000명에 가까운 실종자가 발생하는 국가적 재난에서 죽음에 직면한 일본 국민들이 이후 죽음에 대해 다시생각하면서 더욱 종활이 유행되었다고 짐작할 수 있다.

일본에서는 노인들이 죽음을 준비하는 '종활'이 유행하고 있다.

　임종 노트와 생전 장례 등의 비즈니스화가 진행되면서 오히려 이를 과도한 현세 집착으로 보는 의견도 있으나 자신의 죽음에 대해 다시 생각하고 차근차근 준비한다는 점에서 종활은 여전히 유효하다고 본다.

　그러면 무엇을 준비하는 것일까? 자신의 마지막 활동을 어떻게 할 것인가를 준비하는 것이다. 가장 먼저 시작된 것은 유서 쓰기였다. 처음에는 간단히 유언장을 쓰는 것으로 시작했는데 지금은 유형의 자산뿐만 아니라 무형의 자산을 어떻게 물려줄 것인가를 고민하는 데까지 나아갔다. 자식이 있는 사람은 자식에게, 자식이 없는 사람은 다른 사람들에게 전하는 것을 고민한다.

예를 들어 앞서 언급했던 것과 같이 조조는 "죽음은 서늘한 여름과 같다"는 말을 마지막으로 남겼다. 자식들에게 한 이야기다. 그리고 사람들이 자신을 오해했고 지금도 오해하고 있고 미래에도 오해할 수 있지만, 나는 그에 대해 후회하지 않고 두려워하지 않는다고 했다. 아마도 조조는 자식들에게 이 마지막 말로써 자신의 삶을 분명히 전해주고 싶었을 것이다. 형태적으로 보이지 않는 무형의 가치를 남긴 것이다.

이렇듯 종활 등 생의 마지막 활동을 활발하게 벌이고 있는 것이 요즘 일본의 추세이며, 미국에서도 아툴 가완디의 죽음 관련 서적이 베스트셀러가 되는 등 죽음에 대한 새로운 인식을 많이 갖게 되었다고 한다. 어떻게 죽음을 준비할 것인가에 대한 논의의 장이 열렸다고나 할까.

아툴 가완디의 책은 우리나라에서도 베스트셀러가 되었으나 안타깝게도 우리는 아직도 죽음에 대한 논의가 활발하지 않은 실정이다. 죽음을 준비할 시스템이 마련되지 않았기 때문이다. 그래서 관심 있는 선구자들이 지속적으로 목소리를 내는 것이 매우 중요하다.

인생 스토리를 스스로 종결할 수 있어야

이처럼 '정리'와 '종결'은 죽기 전에 해야 하는 가장 중요한 삶의 과업이다. 그리고 이는 크게 물질적 정리와 심리적 정리로 나누어볼 수 있다. 먼저 물질적 정리란 경제적 자산이 많으면 많은 대로, 적으면 적은 대로 자신의 사후에 그것이 남은 자에게 짐이나 분란의 소지가 되지 않도록 미리 정리해두는 것이다.

예를 들어 재벌가일수록 사후에 자산 배분을 두고 문제가 많이 생기는 것을 보게 된다. 그것이 돈이 되었든 다른 무엇이 되었든 자신과 관련된 여러 가지 물질적 자산에 대해서는 스스로가 귀속 문제에 대해서 정리를 해야 한다.

심리적 정리 또한 필요하다. 죽기 전에는 대부분 누구나 무한한 고립감에 빠지게 된다. 사실 죽음을 인정하고 수용해서 승화하는 단계까지 가면 좋지만 인정조차도 제대로 못 하는 것이 우리나라 대부분 사람들의 현실이지 않나 싶다. 죽음이라는 단어를 말하는 것만으로도 화가 나는 사람들도 있을 것이다. 지금 내가 왜 죽음 이야기를 읽고 있는 것일까 속상한 사람들도 있을 것이다.

다들 자신의 죽음은 먼 미래의 일이라고만 생각하고 싶은 것이다. 하지만 죽음이 내일 오든, 몇 십 년 후에 오든 상관없이 지금 이 순간 내가 죽는다는 사실을 겸허히 인정하는 일이 필요하다.

이러한 물질적·심리적 정리는 삶의 정리라는 측면에서 반드시 필요하다. 자신의 책임, 권리, 의무에 대한 여러 가지 귀속을 마쳐야 편안히 죽음을 맞을 수 있다. 사실상 우리나라 사람들은 대개 미처 다 정리하지 못한 채 죽음을 맞이하는 경우가 많다.

이 두 가지 정리가 잘 안 되기 때문에 죽음을 느닷없이 맞이하게 된다. 나의 스토리를 스스로 종결하지 못하고, 나의 내레이션을 마지막으로 장식하지 못하고 남이 대신 마치게 하는 것이다. 지금껏 내 이야기는 모두 다 내가 썼는데, 초등학교 때부터 시작해서 내 선택에 의해서 대학을 가기도 하고 안 가기도 하고, 여러 인생행로를 내가 만들어 여기까지 왔는데 왜 삶의 가장 중요한 마지막 스토리를 내가 못 쓰고 다른 사람이 쓰게 하는 것일까? 내 인생의 마지막은 반드시 내가 종결지어야 한다.

찬란했던 삶의 승화로서의 죽음

죽음에 대한 '초월'과 '승화'는 앞서 말한 퀴블러 로스의 죽음을 맞는 5단계 중 마지막 수용을 거친 후 또다시 도달해야 하는 최종적인 단계다. 초월에는 못 이르더라도 적어도 승화까지는 이룰 수 있어야 삶과 죽음은 아름다울 수 있다. 그런데 우리 현대 의학은 그러한 승화를 이루지 못하게 방해하는 측면이 있다.

무엇보다 의료 과정이 너무 정신없이 진행되는 데 그 원인이 있다. 어떤 질환이 확진되면, 예를 들어 "울혈성심부전鬱血性心不全입니다. 이제 얼마 남지 않으셨습니다"라는 의사의 말을 듣는 순간부터 환자는 숨이 차올라 어느 날 갑자기 정신이 흐려지게 되고 이내 중환자실로 옮겨져 계속적인 치료를 받게 된다.

말기 간경화, 즉 간경변증肝硬變症이라면, 정신 차릴 여지를 주지 않고 끝까지 병원에 누워 있게 한다. 그래서 스스로 죽음을 정리하고 수용할 시간을 갖는 대신 그냥 고통스럽고 끊임없이 반복되는 여러 가지 시술로 인생을 끝내버리게 된다. 현대 의학에 의해서 오히려 인간의 존엄이 무시되는 측면이 있는 것이다.

하지만 그래서는 안 된다. 아툴 가완디뿐 아니라 나를 비롯한 동료 교수들 또한 존엄하게 죽을 권리를 주장해서 이에 관한 법을 밀어붙이는 데 많은 노력을 기울였다. 우리 인생의 마지막이 이렇게 무의미한 치료에 공을 들이는 데 쓰여서는 안 되겠다는 것에 마음을 모은 것이다. 하지만 한편으로 많은 의사들은 끝까지 치료를 해야 한다는 주장을 펼치고 있다. 끝까지 항암제를 사용해 조금이라도 더 오래 환자를 살아 있게 하자는 생각을 하고 있는 것이다.

현대사회에서 우리는 갑자기 죽음을 맞이하기보다 어떤 질병에 의해서 사망하는 경우가 많다. 과거에는 급속도로 삶이 무너져 사망에 이르렀던 반면 이제는 의학의 발전으로 질병에 걸렸다 해도 완치율이나 생존율 또한 점점 높아져가고 있다. 게다가 뒤에서 다시 살피겠지만, 콕 집어 2045년이 되면 놀라운 과학의 발달로 영생의 가능성까지 우리 앞에 펼쳐져 있다. 그래서 더더욱 죽음을 멀리하고자 하는 사회 풍조가 있는 것도 사실이다.

하지만 그렇다고 우리가 죽음을 방기할 수는 없는 노릇이다. 영생을 잠시 보류한다면 어쨌든 우리는 죽음을 맞이할 수밖에 없는 존재다. 그렇기에 미리미리 죽음이라는 것과 친밀한 관계를 유지해두자는 것이다.

그래서 무엇보다 자신의 인생은 반드시 자신의 손으로 끝낼 수 있어야 한다고 반복하는 것이다. 어떤 죽음을 맞이할지 본인 스스로가 결정해야 한다. 아프지 않고 건강할 때 준비해야 한다. 학창 시절에 다들 시험을 치러봤을 텐데 시험 보기 하루 전날에 공부하면 성적이 잘 안 나오지 않던가. 조금이라도 일찍 공부를 시작하면 성적이 잘 나오는 경험을 다들 해봤을 것이다.

마찬가지다. 죽음이 나와 상관없는 일이라고 생각하면서 죽음을 떠올리는 것을 재수 없는 일이라고 치부하지 말고 지금 건강할 때 죽음을 준비해두어야 한다. 2045년 이후에는 혹여 모르겠지만, 지금 이 시점에서 우리의 죽음은 너무도 명백한 사실이다.

삶은 유한하기 때문에 그처럼 찬란한 칭송을 받는 것일지도 모른다. 그렇다면 그토록 찬란한 내 삶의 모험 같은 스토리, 그 마지막이 어떻게 마무리되어야 하는지도 지금 건강할 때 조금은 치밀하게 계획해두는 것이 찬란한 삶을 끝까지 빛나게 하는 방법이지 않나 싶다.

삶을 통째로 빛내는 아름다운 마무리

『관촌수필冠村隨筆』이라는 좋은 작품을 한국 문학사에 남긴 소설가 이문구 선생을 많이들 기억할 것이다. 이문구 작가는 2003년 2월에 위암 말기 통보를 받고는 곧바로 자신이 사람들에게 빚지고 안 갚은 것이 있나 생각했다고 한다. 그래서 3년 전 계약하고 인세까지 미리 받았던 동시집 원고를 서둘러 완성하기에 이른다. 그리고 큰아들에게 신신당부한다.

내가 혼수상태가 되거든 이틀을 넘기지 마라. 소생하지 않으면 엄마, 동생 손잡고 산소호흡기를 떼라. 절대 연장하지 마라. 화장 후에는 보령 관촌에 뿌려라. 문학상 같은 것 만들지 말고 제사 대신 가족끼리 식사나 해라. 나는 이 세상 여한 없이 살다 간다.

사람에 따라 생각은 다르겠지만 이문구 작가는 죽은 사람에게 절하는 것을 굉장히 싫어했다고 한다. 그래서 제사 대신 가족끼리 식사나 하면서 자신을 추억하라고 한 것이다.

이 글을 읽고 등골이 서늘했다. 2003년에 자신의 질병을 안 즉시 본인의 마지막 스토리를 직접 세밀하게 짠 것이다. 남한테 짐 된 것이 없나 살펴서 동시집을 완성하고, 남한테 부탁받았는데 혹시 미루느라 못 한 일이 없는지를 살펴 모두 끝내고, 그렇게 삶을 정리하고, 심지어 자신의 마지막까지 세밀하게 준비한 것이다.

이문구 문학상 또한 만들지 말라고 해서 실제로 안 만든 것으로 알고 있다. 대신 후배들 중 적절한 작가를 뽑아서 매년 약간의 지원을 해주고 있으며, 듣기로는 가족들도 기일에 따라 제사를 지내지 않는 것으로 알고 있다.

앞서 밝혔듯이 나는 아내와 함께 연명의료 거부 의사를 밝혀놓았고 죽음에 대한 이런저런 이야기를 하던 끝에 우리 부부가 죽기 전까지 해야 할 일들을 뽑아보기도 했다. 일종의 버킷리스트인데, 나이 들어 너무 급박하게 리스트를 작성하면 해보지 못할 일들이 많을 것 같아 일찌감치 뽑아본 것이다.

그렇게 나온 것이 대략 20가지 정도인데, '버뮤다 제도를 비행기로 날아가자' 같은 조금 거창한 것도 있고 당장할 만한 것도 있다. 예를 들어 멋지게 파도를 한 번 타보고 싶은 꿈은 조만간 완수해보려 한다. 삶이 유한하다는 것을 자각한다면 반드시 버킷리스트를 작성해 이것저것 소망을 실현해보는 삶을 살아볼 것을 권유한다. 거기에다 내 삶의 종언을 구상해보는 것도 의미 있는 일일 것 같다.

그리고 사족이지만, 직업상 장례식장에서 검안을 하면서 시신에 입힌 옷, 유교 전통에서의 삼베로 된 수의를 자주 보게 되는데, 살아생전 한 번도 안 입어본 옷을 왜 죽은 사람에게 입히나 하는 생각이 들어서 조금 마뜩잖았다.

그래서 지금 고등학생인 큰아들에게 결혼할 때 집사람이 마련해준 예복을 입혀달라고 이야기했다. 신발은 마지막에 애장하던 신발을 신기고 와이셔츠는 단골 와이셔츠 양복점에서 구해서 입히라고 하니 아이는 피식거리면서 웃고 말았다. 그래도 꽤나 진지하게 이야기했으니 기억은 할 것이라 생각한다.

마지막으로 소개하고 싶은 인물은 그레이스 리라는 분이다. 뽀글뽀글한 파마머리가 대세이던 1970년대에 단발머리 열풍을 불러일으키며 한국 미용계의 대모로 활약했던 인물로, 장례식 이야기가 꽤나 뭉클하다.

50대 때부터 특별한 장례식을 꿈꿨다고 하는데, 그레이스 리는 우선 장례식장을 가득 메우는 국화가 너무 싫었다고 한다. 그래서 본인 장례식장에는 절대 국화를 놓지 말라고 했다.

그리고 지금은 많이 사라졌지만 예전에는 곡哭이라는 것을 했었다. "아이고, 아이고" 하면서 눈물이 안 나와도 곡을 해주는 분들이 있었다. 그레이스 리는 그 곡소리 또한 너무 싫어했다. 나는 후회 없이 살다 가는데 웬 곡소리냐는 것이다. 그러니 슬퍼하지 말고 대신 장례식장에 탱고를 틀어달라고 주문했다고 한다. 어떤 곡인지 곡명까지도 지정해서 말이다.

그레이스 리의 유언은 실제로 이루어졌다. 장례식에는 실제로 탱고 음악이 깔리고 국화 대신 붉은 장미와 와인이 준비되었다고 한다. 망측하다고 생각할 사람도 있겠지만, 그레이스 리를 좋아했고 사랑했던 추모객들은 장례식장에 모여 망자에게 장미꽃을 한 다발 놓아주고 탱고 음악을 들으며 와인 한 모금과 함께 "그레이스 리는 정말 멋진 여성이었어. 사랑스러운 여성이었지"라며 그녀를 추모했다고 한다. 그렇게 서로가 살아생전 그녀의 발랄했던 모습을 떠올리며 장례식을 치렀다고 한다.

이를 통해 우리는 각자의 마지막에 대한 새로운 영감을

떠올릴 수 있어야 한다. 멋있어 보이는 누군가의 마지막을 따라해야 한다는 것이 아니다. 자신의 마지막을 스스로 마무리한다는 것이 중요하다. 100명의 사람이 있다면 100가지의 삶이 있고 100가지의 죽음이 있는 것이다. 나만의 고유성은 죽음에서도 발휘되어야 하지 않을까?

죽음과 친숙한 삶이야말로 더욱 빛나고 아름다운 삶으로 새로워질 수 있다는 것을 꼭 잊지 않았으면 한다. 그것이 죽음으로 삶을 묻는 이유다.

2045년,
죽지 않는 시대가 온다

죽음이 없는 영생, '특이점'은 오고 있을까?

죽음을 준비하는 것과는 별도로 죽음과 관련해서 인류가 품는 가장 큰 소망이 무엇일까? 당연히 불사다. 죽고 싶지 않다는 것이다. 대표적으로 불사를 꿈꿨던 인물이 진시황 아니겠는가. 늙지 않고 죽지 않으려고 불로초를 구해 먹는 등 온갖 몸부림을 쳤지만 결국 그도 죽었다. 당시 불로초를 찾아 우리나라 제주도에까지 왔었다는 이야기도 남아 있는데 모두 부질없는 헛소동이었다.

나는 '불사' 하면 어렸을 때 봤던 〈은하철도 999〉라는 만화가 떠오른다. 기계 백작에게 희생당한 어머니의 복수를 꿈꾸며 자신 또한 기계의 몸을 얻어 불로장생을 위해서 떠나는 '철이'라는 소년의 성장기다. 내용도 흔하지 않지만 그 결말은 더욱 충격적인데, 철이는 불사를 앞둔 시점에서 자신은 기계 인간이 되지 않겠다고 거절한다. 불사를 위해 온갖 모험을 치렀는데 그것을 포기한다는 것이다.

〈은하철도 999〉는 일찍이 나름의 죽음 철학을 보여준 만화라고 할 수 있을 텐데, 그러면 현대 의학에서는 이러한 시도, 즉 불사의 염원을 실현하기 위한 노력이 어떤 방식으로 나타나고 있을까?

2009년 미국에 있을 때 지인의 추천으로 읽은 『특이점이 온다The singularity is near』는 그러한 노력을 보여주는 책이다. 우리나라에도 번역되어 있는 이 책의 저자는 레이 커즈와일Ray Kurzweil이라는 기업가다. 커즈와일 신디사이저는 상당히 유명한 악기로, 영창피아노라는 한국 기업은 독일의 커즈와일에게 기술을 양도받아서, 즉 특허권을 사서 만드는 제품이다. 그러니까 애초에 커즈와일이 만든 것으로, 커즈와일은 대단한 발명가이자 기업가인 셈이다. 또한 그는 어마어마한 부자이기도 하다. 현재 영창피아노 고문이면서 우리가 아는 인공지능 바둑 천재 알파고를 만들었던 구글 엔지니어링의 이사로 일하고 있다.

맨 처음『특이점이 온다』를 읽었을 때는 꽤나 어이없다는 생각을 많이 했는데, 그 내용이 너무 황당무계했기 때문이다. 여기서 '특이점'이란 원래 블랙홀과 관계 있는 물리학적 용어인데, 이 책에서는 기술이 인간을 뛰어넘어 새로운 문명을 생산해갈 시점을 지칭하는 용어로 등장한다.

전반적인 책의 내용은 과학기술 발전으로 생물학적 인간의 조건을 뛰어넘는 미래 인류의 모습을 전망한다는 것인데, 말이 되는 내용도 있지만 후반부로 갈수록 저자의 인식 파장이 요즘 사람들이 소위 말하는 안드로메다로 간다고 보면 된다. 인간의 지성이 우주를 뒤엎는다는데, 이것은 과학을 빙자한 종교가 아닌가 하는 생각까지 들게 했다. 하지만 중반부까지의 내용은 굉장히 신빙성이 있어서 소개하고자 한다.

커즈와일의 주장을 간략히 정리하면 이렇다. 2045년이 되면, 즉 우리가 지금부터 아무 사고 없이 25년정도만 무사히 버티면, 인간이 영생한다는 것이다. 굉장히 놀라운 발상이 아닐 수 없다. 얼핏 들으면 허무맹랑하다고 여겨지겠지만 실제 지금의 과학기술을 이해하면 수긍이 가는 측면이 없지 않다.

과학기술이 여는 새로운 미래

나노 테크놀로지라고 많이 들어봤을 것이다. '나노nano'는 센티미터와 같은 일종의 단위를 가리키는 말이다. 10의 마이너스 9승으로 굉장히 작은데 머리카락보다 더 얇고 눈에 안 보이는 길이다. 물체가 이렇듯 극미하게 매우 작아지면 그 효용성이 커지는 것은 의학에서다. 아직까지는 실현이 안 되고 연구가 계속 진행 중에 있지만 최신 의학에서는 세포에 작은 로봇을 액체 형태의 주사로 주입해서 치료하게 하는 작업을 개발하고 있다.

〈이너 스페이스Innerspace〉라는 영화를 보면 사람이 굉장히 작아져서 몸속으로 들어가 병을 고치고 모험을 하는 내용이 나오는데 이와 같다고 보면 된다. 현재 의사의 수술이 어떻게 이루어지는지 다들 알 것이다. 복강경腹腔鏡 수술이라고 해서 배를 직접 절개하지 않고 작은 구멍을 낸 뒤 특수 카메라가 부착된 복강경을 집어넣어 특수 기구를 이용해 수술하는데, 이로써 흉터를 최소화하고 출혈도 적어지는 효과가 있다. 아마도 미래에는 원격 조종으로 바깥에서 마치 드론을 운전하는 것처럼 수술하는 것이 실현될 가능성이 높다.

그러한 의미에서 커즈와일은 구글 기술 이사이기 때문에 변화의 속도에 매우 민감하다. 그는 2030년대 중반이면 나노 테크놀로지의 실현이 가능하지 않겠냐고 이야기한다. 커즈와일의 예언이 맞을 수도 있다.

서울대학교 김정훈 교수는 2016년 4월 《네이처Nature》에 '유전자 가위'에 관한 논문을 냈는데, 굉장히 복잡하지만 간단히 말해서 병의 원인을 일종의 유전자 가위 같은 물질로 싹둑 잘라버릴 수 있다는 것이다. 유전자 가위는 유전자에 결합해 특정 DNA 부위를 자르는 데 사용하는 인공 효소로, 질병의 경우 유전자의 잘못된 부분을 제거해 문제를 해결하는 유전자 편집genome editing 기술로도 활용될 수 있다. 실제 쥐를 대상으로 망막변성이라는 병에 그 효능을 실험한 결과, 신생혈관이 더 이상 자라지 않아 쥐의 망막 상태가 좋아졌다고 한다.

노화가 되면 눈이 잘 안 보이는데 그 주요 원인 중 하나가 망막에 혈관이 자라나기 때문이다. 원래 망막 안쪽 깊은 곳에는 혈관이 자라지 않아야 하는데, 특히 당뇨병에 걸리면 그 부위에서 혈관이 자라게 된다. 현재 이를 치료하기 위한 방법으로 레이저 시술이 있지만 여기에는 한계가 있

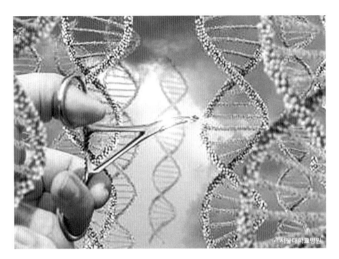

병의 원인을 없앨 수 있는 유전자 가위.

다. 그래서 망막에 신생혈관을 나오게 하는 돌연변이 유전자를 싹둑 잘라버리면 되지 않을까 생각하게 된 것이고 이에 착안해서 유전자 가위라는 물질로 실험을 한 것이다.

물론 이 기술을 실제 인체 전반에 적용하려면 시간이 걸리겠지만, 현재의 기술 발전 속도로 보면 2020~2030년이면 가능해질 것이라 생각한다. 바로 이것이 지네틱genetic 테크놀로지, 유전자 기술이다. 나노 테크놀로지에 이은 두 번째 성과인 셈이다.

이외에도 지네틱스는 현재 의학 분야에서 이미 사용되고 있다. 예를 들어 지금은 똑같은 부위의 암 환자라 할지라도 똑같은 약으로 치료하지 않는다. 서울대학교병원의 경우 암 환자의 검체檢體를 받으면 어떤 유전자가 잘못되었는지에 대한 검사가 일사분란하게 진행된다. 아직 보험 적용이 안 되어서 비싸기는 하지만 해당 검사 후 개인에게 맞는 최적의 항암제를 고르게 된다.

예를 들어 예전에는 폐암 하면 교과서에 적혀 있는 대로 공통 처방이 되었지만 지금은 같은 폐암이라도 세밀하게 검사해서 암의 종류에 따라, 생긴 모습에 따라, 그 암의 발생 유전자의 차이에 따라 개인별 맞춤 의학을 적용한다. 그것이 조금 더 나아가면, 망막변성을 잡는 유전자 가위와 같은 도구의 출현으로 이어져 모든 돌연변이를 잘라버리게 될 것이다.

기본적으로 우리 몸을 스캔해서 병을 잡아내는 스캔 기계가 조만간 혁신적으로 바뀔 텐데 그러면 우리 몸에서 조기에 일어나는 돌연변이까지 쉽게 잡아내서 유전자 가위로 자르고 고치는 시기가 곧 도래하게 되는 것이다. 그러면 차츰 장기 교체도 일상다반사가 될 것이고 이내 나노 단위의 로봇인 나노봇nanobot이 우리 몸을 휘젓고 들어가서 치료하다가 종래에는 아예 영생의 시대를 맞게 될지도 모른다.

인간 혁신의 끝은 아마도 '영생'

그런데 인류가 확실히 이전 단계와 구분되는 진화를 하려면 나노 테크놀로지, 지네틱 테크놀로지에 이어서 하나의 성과가 더 필요하다. 바로 로보틱스robotics의 발전이다. 로봇 기술의 발전이 인공지능과 결합된다면 산업 현장은 가히 일대 혁신을 맞이하게 될 것이다. 알려져 있듯 운전은 이제 곧 무인 자동차라는 커다란 로봇이 해줄 거라는 이야기가 회자되고 있지 않은가?

사실 지금 당장 우리 주변을 둘러봐도 로봇 기술의 발전은 상당한 수준이라 할 수 있다. 혹시 미국이나 캐나다 맥도날드 가게에서 주문해본 적이 있는 사람은 그 발전 속도를 체험해봤을 것이다. 일본의 라멘 가게처럼 기호대로 선택 버튼만 딱 누르면 내가 원하는 나만의 햄버거가 만들어져 나온다. '양상추 2개, 베이컨 2개' 이런 식으로 누르고 신용카드로 결제하면 주문대로 만들어져 나오는 것이다. 그런데 이것을 누가 만드는 것일까?

예전에는 아르바이트생이 만들었지만 현재 미국이나 캐나다는 생각보다 많은 매장에서 로봇이 햄버거를 만들고 있다. 이를 두고 로봇이 음식을 만드니 불평도 안 하고 더 위생적이라며 좋아하는 사람도 있는 반면, 로봇이 만든다는 사실 자체에 거부감을 갖고 굳이 화를 내는 사람도 있다고 한다.

햄버거 만드는 로봇은 우리나라에도 시범적으로 운용되고 있다고 알려져 있다. 어딘지는 아직 모르지만 말이다. 이곳에서는 모든 손님이 자신이 직접 눌러 햄버거 내용물을 조정할 수 있다. 넣고 싶은 것은 더 넣고 빼고 싶은 것은 빼고 주문할 수 있게 된 것이다. 예를 들어 채식주의자 손님이라면 고기 대신 다른 것을 넣으면 된다. 이후 신용카드를 넣으면 그것이 클라우딩되어 미국에 가서 이용해도 즉각 "아, 당신 채식주의자죠?" 하면서 맞춤 메뉴가 뜨게 된다. 그러한 시대가 곧 도래할 것이다.

그런데 문제는 그러한 시대의 도래가 인간의 삶에 구체적으로 어떤 영향을 미치는가 하는 것이다. 'G/N/R'로 불리는 지네틱스, 나노 테크놀로지, 로보틱스 등이 원활히 합쳐지는 세상에서 인류의 삶은 어떤 전환점을 맞게 될까?

그렇다. 그러한 세상에서는 죽지 않는 영생이 가능해진다는 이야기이다.

영생의 시대가 곧 도래할 것을 철석같이 믿고 있는 커즈와일은 1948년생으로 엄청난 부자다. 특별히 아프지도 않은데 한 달에 7000달러, 1년에 1억 원 가까이의 약을 먹는다고 한다. 매일 의학 논문을 읽으면서 인체에 뭐가 좋은지를 끊임없이 조사하는데, 예를 들어 셀레늄이 좋다 하면 셀레늄의 가장 최신 버전을 먹는 등 엄청난 약과 영양제를 자신이 직접 조합해서 먹는다고 한다. 본격적으로 영생의 시대에 돌입하는 2045년까지 건강하게 살아 있어야 하기 때문이다.

혹시 이를 비웃는 사람들이 있을지 모르겠지만, 커즈와일은 2045년이면 분명히 영생의 시대가 될 것이라고 매우 진지하게 믿고 있다. 그때가 되면 그의 나이가 90대 중반일 테니 불가능한 목표도 아닌 것이다. 현재 평균 수명도 꽤 높은 편인데, 이것은 이미 사망한 사람들을 뺀 것이기 때문에 나이가 들수록 오래 살 확률은 점점 높아진다. 커즈와일은 확고하게 인간은 영원히 살 수 있음을 주장하는 우리 시대의 모험가다.

나 또한 처음 커즈와일의 책을 읽었을 때와 달리 지금
은, 2045년이 아니더라도 언젠가는 영생이 실현 가능하다
는 쪽에 마음의 무게를 싣고 있다. 과학기술의 진보를 믿기
때문이다.

이식된 나, 로봇과의 경계를 묻다

인간이 죽을 수밖에 없는 이유는 무엇일까? 무엇보다 우리
몸의 노화 때문이다. 노화의 이유는 여러 가지가 있겠지만,
일단 가볍게 생각하면 자전거를 떠올리면 된다. 자전거를
너무 오래 타면 자전거의 부속 하나하나를 갈아줘도 고장
이 끊이지 않게 된다. 그래도 계속 부품을 바꿔주면 굴러가
기는 할 텐데 아직까지 우리에게는 이처럼 인간의 부품을
대체하는 기술은 없다고 볼 수 있다.

그래서 많은 사람들이 장기 이식을 꿈꾸고 있다. 인간 복
제를 다룬 영화 〈아일랜드The Island〉를 보면 이러한 인간의 욕
망이 잘 드러나 있는데, 여기서는 줄기세포를 이용해 나와
똑같은 사람을 키운 다음에 내가 조금 늙으면 나와 똑같은
그 사람의 장기를 이식하고 계속 교체하는 것으로 영생을
실현하고자 한다. 그런데 문제는 뇌다. 뇌에는 1000억 개 이

상의 신경세포가 있어서 쉽게 복제가 되지 않는다.

20대 청년의 뇌와 80대 노인의 뇌 사이의 결정적 차이는 무엇일까? 지능이나 지각력의 차이는 거의 없다. 뇌 신경 개수가 점점 줄어든다는 것이 문제다. 부피로 따지면 5~25퍼센트가 줄어든다. 이렇게 줄어든 뇌가 질환을 유발하게 되는 것이다. 20대 때는 뇌의 무게가 평균 1.5킬로그램 정도인데, 실제로 부검을 하다 보면 노인의 뇌 무게는 이보다 적다. 그리고 고령이 될수록 더욱 줄어든다.

물론 이를 막는 여러 가지 방법이 있다. 적절한 영양 상태를 유지하면서 운동하고 절제된 생활을 하는 것이다. 이렇게 재미없는 생활을 열심히 오랫동안 하게 되면 뇌는 5퍼센트 정도만 줄어들 수도 있다.

우리의 모든 것은 시간이 지날수록 조금씩 닳게 마련이다. 뼈도 닳는다. 젊었을 때는 키가 지금보다는 컸는데 나이가 드니 줄었다는 말을 많이 들어봤을 것이다. 맞는 말이다. 키는 실제로 줄어든다. 뼈의 밀도도 낮아지고 등뼈와 허리뼈 사이에 있는 디스크에서 조금씩 수분이 빠져서 키가 조금씩 작아지는 것이다. 그러니까 장기는 교체할 수 있다 해도 뼈와 뇌는 어떻게 할 것인지에 대한 문제가 대두될 수밖에 없다. 때문에 15년 전까지만 해도 인간은 영생하기 힘들 것이고, 장기를 계속 교체할 수 있는 과학기술이 있다고 해도 인류의 수명은 최대 200세를 넘지 못할 것이라는 주장이 제기됐었다.

그런데 지금 우리는 지네틱스, 나노 테크놀로지, 로보틱스의 시대를 눈앞에 두고 있다. 커즈와일은 앞서 언급한 나노봇의 존재를 이야기한다. 나노 테크놀로지로 만든 나노봇이 주사 한 방으로 우리 몸에 들어와서 뇌에 잠입해 그 안에 저장된 모든 기억을 정보화시키는 것이다. 내가 경험한 여러 가지 기억들을 모두 그대로 정보 변환하는 것이다. 놀라운 일이 아닐 수 없다.

물론 나 같은 과학자가 아닌 철학자들에게 이러한 기술은 아무 의미가 없을지도 모르겠다. 철학자들에게 우리의 의식은 불멸의 탐구 대상이다. 철학자들은 '의식이란 무엇인가'를 가지고 하루 종일 강의를 해도 지치지 않는 사람들이다.

하지만 과학자들의 유물론적 관점에서 보면 의식이라는 것은 사실상 1조 개의 뇌 신경세포들의 연결망일 뿐이다. 그러니까 의식이라는 것은 종교를 가진 사람들은 받아

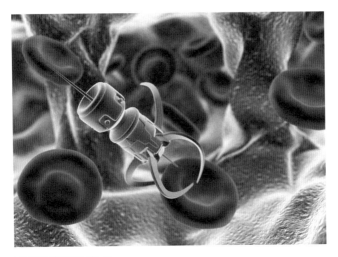

커즈와일이 주장한 나노봇.

들이기 힘들겠지만, 신이 부여한 것도 아니고 단순히 뇌의 복잡한 신경세포의 네트워크라고 주장하는 사람도 많이 있다. 그렇다면 그 네트워크를 정보화시키면 우리가 뇌의 기능을 계속 유지할 수 있지 않겠느냐는 가설이 나오는 것이다.

그리고는 변환된 정보를 컴퓨터로 보내는데 이것은 나노 테크놀로지로 가능해진다. 그다음에 이어지는 문제는 로보틱스가 해결한다. 즉 뇌의 정보까지 영구 저장이 가능해지면 그다음에 인간의 신체는 로보틱스의 발달로 그것이 뇌가 되었든 뼈가 되었든 모두 만들 수 있다고 생각하는 것이다. 실리콘이라든지 특수 소재로 내 인체를 만들어서 컴퓨터에 저장된 내 정보를 스캔한 후 내 인공 뇌에 넣으면 나는 불사의 몸이 된다는 것이다. 물론 그렇게 만들어진 몸이 원래의 나와 똑같은 사람인지를 두고 철학적인 문제가 남기는 하겠지만 말이다.

로봇들의 세상, 로봇이 된 '나'

커즈와일의 주장이 여전히 황당하게만 여겨질 수도 있으나 지금 과학기술의 발달 속도를 보면 빠른 시일 내에 가능할 수도 있을 것 같다는 생각도 든다. 현재 정기적으로 열리는 미국이나 유럽의 과학 컨퍼런스에 가면 그 분야에서 제일 유명한 대가가 나와서 지난 1년간의 과학계 성과를 쭉 정리해준다.

진행되고 있는 기술 발달의 속도가 너무 빨라서 모든 참가자들이 자신의 전문 분야를 제외하면 그 외의 것들은 따라잡기가 벅찰 정도다. 이렇게 과학 발달 속도가 빠르니 아마도 커즈와일의 주장도 실현 가능하지 않을까 유추해보는 것이다. 물론 그 실현 시점이 진짜 2045년이 될지는 미지수다.

그런데 이러한 과학계의 눈부신 진보에도 알파고와 이세돌의 바둑 대결에서 이세돌의 패배를 예상했던 사람은 많지 않았을 것이다. 나 또한 알파고의 승리는 예상하지 못한 결과였다. 당연히 바둑은 직관의 게임이라고 생각했기 때문이다. 물론 수학적으로는 19 곱하기 19에서 하나씩 줄어가는 어마어마한 수가 있겠지만, 인간의 직관을 인공지능이 이기지는 못하리라 생각했다.

그런데 결과는 대반전이었다. 이제 이세돌은 인공지능을 이긴 마지막 기사가 되었다. 이세돌 이후 이제는 그 누구도 인공지능을 이길 수 없게 되었다. 인공지능은 나날이 인간의 속도와는 비교도 안 되게 발전하고 있기 때문이다.

무어의 법칙Moore's Law이라는 것이 있다. 인텔의 공동 설립자인 고든 무어Gordon Moore가 1965년 자신의 논문에 발표한 내용으로, 마이크로칩의 성능이 2년마다 배로 증가한다는 것인데, 과학적 법칙이라기보다는 경험적 예측을 뜻한다. 그런데 이 무어의 법칙이 과학에서는 더 빨리 적용되는 것 같다. 지네틱스, 나노 테크놀로지, 로보틱스, 이 세 분야의 놀라운 발전 속도를 볼 때 실제 2045년이 오면 인간 영생의 시대가 새롭게 펼쳐지는 것이 아닐까 은근히 기대하는 사람들이 적지 않다.

아무래도 인간의 미래는 영화 속 상상의 공간에서 더욱 현실감 있게 펼쳐지기 마련인데 우주 탐사 과정에서의 모험과 스릴을 담은 영화 〈스타트랙Star Trek〉에서도 인공지능의 활약은 눈부시다. 극 중 귀가 뾰족한 인물은 사실 안드로이드, 인공지능을 가진 컴퓨터다. 바야흐로 모험을 지휘하는 발군의 역할을 인공지능이 담당하게 된 것이다.

영화 〈트랜센던스Transcendence〉에서는 과학자가 자신의 육체가 죽기 전에 자기 뇌에 저장된 모든 것을 컴퓨터에 집어넣는 장면이 나온다. 사실 트랜센던스라는 말 자체가 초월이라는 뜻이다. 그러니 이 영화에서는 과학자가 스스로 초월자가 된 것이라 할 수 있다. 커즈와일이 이야기했던 그러한 변환 시스템으로 불멸, 초월의 존재가 된 것이다.

물론 영화는 영화인지라 실제 과학이 갖는 현실적 깊이와 방향이 조금 다르다. 그럼에도 그 상상의 경지는 불가능성의 가능성이라는 측면에서 놀라운 예측의 기능을 하고 있다고 볼 수 있다.

과거에는 로봇 하면 〈스타워즈Star Wars〉의 'R2D2' 같은 순수 로봇을 생각했다. 〈스타트렉〉의 로봇은 인간과 비슷하지만 살짝 귀가 이상하고 인간의 말을 잘 들었다. 이제는 인간을 초월해 인간을 이기는 로봇으로 진화한 것이다. 실제로 이제 많은 사람들이 두려워하는 것은 로봇이 우리를 지배하지 않을까 하는 우려다. 그리고 거기서 더 나아가 우리가 로봇이 될 것이라는 비상한 예감에 사로잡혀 있는 것이다.

죽음을 기억하라

이스라엘 역사학자 유발 하라리Yuval Harari의 『사피엔스Sapiens』라는 책의 마지막을 장식하는 것이 바로 '호모사피엔스의 멸절'이다. 책은 이 세상의 주인으로 자처하면서 갖은 악행을 저지른 호모사피엔스를 비판하는 측면과 계속 악행을 저지르다가 결국 멸절하고 말 것이라고 경고하는 측면도 담고 있지만, 도대체 호모사피엔스의 멸절 후의 인류는 어떻게 되는 것인가 하는 가장 중요한 탐색의 영역 또한 포함하고 있다.

그렇다면 현생 인류인 호모사피엔스사피엔스가 마지막

에 이를 종착은 어디일까? 어쩌면 트랜스휴먼이 아닐까? 그러나 트랜스휴먼을 꿈꾸는 사람이 얼마나 될까? 모두가 영생을 원하는 것일까? 이 책의 내용을 서울대학교 학생들에게 강의하면서 2045년에 만약 실제 특이점이 온다면 트랜스휴먼으로 바뀌고 싶은 사람을 손 들게 했었다. 얼마나 많은 학생들이 트랜스휴먼을 갈구했을까?

50퍼센트 정도였다. 모두 디지털 세대이므로 거부감이 덜하기에 가능한 수치였을 것이다. 같은 질문을 중장년층이나 노년층에게 한다면 조금 결과가 달랐으리라 생각한다.

일반 사람들 중에는 분명 영생을 준다 해도 거부하는 사람도 있을 것이고, 각자의 운명을 자신의 주체적인 판단에 의해 결정하고자 하는 사람도 있을 것이다. 중요한 것은 알 수 없는 영생을 기다리며 환상에 빠져 지내기보다는 우리의 지금 이 순간을 낭비 없이 꽉 채우는 온전한 현재의 삶을 사는 것이다.

영생에 대한 환상을 가지더라도, 즉 죽음을 어떻게 인지하든 모든 생명체는 반드시 언젠가는 소멸하게 된다. 따라서 인간의 죽음은 실존적으로 반드시 부딪쳐야 되는 사건이며 우리 주변에도 일상적으로 벌어지는 일이다. 그럼에도 지금까지 우리는 죽음에 대한 논의를 금기시하고, 죽음이라는 단어 자체를 혐오하고 두려워하며 영생이라는 말에 오히려 끌려왔다.

그러나 삶의 마지막 여정이 죽음이라는 사실을 담담히 받아들여야만 현재 우리의 삶을 더 온전하게 살 수 있다.

카르페 디엠 Carpe diem!
현재를 즐겨라!

영화 〈죽은 시인의 사회〉에서 키팅 선생이 학생들에게 들려주었던 말이다. 그러나 우리는 그에 앞서 죽음을 생각하며 살아야 한다.

메멘토 모리 Memento mori!
죽음을 기억하라!

삶의 마지막 순간에 자신이 어떠한 모습이기를 바라는지 끊임없이 묻고 답하는 과정에서 우리의 삶은 더욱 풍성해지고 깊은 의미를 품는다.

1. 일본에서 시작된 '종활'처럼 일상생
활에서 죽음을 준비할 수 있는 활동으
로는 어떤 것들이 있는가?

죽음을 미리 준비하자는 취지로 일본에서 시작된
'슈카스'는 이제 그 취지가 약간 변질되어 비즈니
스 측면에서 진행되고 있다는 점에서 최근 많은
지적을 받고 있다.

사실 그 본래의 의미로 보면 죽음을 준비하는
활동이란 특별하지 않다. 삶을 열심히 사는 것이
곧 좋은 죽음을 의미한다. 그렇다면 어떻게 사는

삶이 열심히 사는 삶일까?

평소 많은 죽음을 실제로, 또 기록으로 보면서 죽기 전에 반드시 해야 할 일이 있으며, 이를 통해 삶 속에서 죽음을 준비할 수 있다는 생각을 하게 된다.

첫째, 사랑하는 사람에게 평소 사랑한다는 말을 직접 그리고 자주 해야 한다. 죽음은 급작스럽게 찾아오기도 하기에 꼭 주변에 사랑하는 사람들에게 평소에 표현해야 한다.

둘째, 죽기 전까지 자신이 진정 하고 싶었던 일, 즉 꿈꾸고 있던 일을 해야 한다. 마지막 순간 삶의 아쉬움이 어찌 없을 수 있겠냐마는 자신이 평소 하고 싶었던 일을 지금 당장 하지 않는다면 더 큰 후회가 남을 것이다.

셋째, 내가 살아온 기록을 꼼꼼히 남겨 자신이 사랑하는 사람에게 남겨줄 자산이 있어야 한다. 자산은 꼭 돈만 말하는 것이 아니다. 자신의 삶에 대해 주변에 알려주고 싶은 것 모두를 의미한다. 자신에 대한 기억을 사후에도 오랫동안 가졌으면 좋겠다는 소망이 있다면 이를 기록해 꼭 전하기를 권장한다.

넷째, 자신의 죽음을 처리하는 장례 등에 필요한 최소한의 돈을 모으기 위해 경제 활동을 지속적으로 하기를 바란다. 어느 정도 금전적인 준비를 해두는 것은 사망 후 남겨진 가족들에게 부담이 되지 않으면서 스스로 죽음의 품위를 유지할 수 있는 방법이라고 본다.

다섯째, 지금 건강하다면 건강을 소중히 여기고 더욱 건강해지기 위해 노력해야 한다. 이제 건강이란 질병이 없는 최선의 몸 상태가 아니라, 자신의 일상을 유지할 수 있는 상태라고 재정의되고 있다.

즉 죽음을 준비하는 것은 죽기 직전까지 자신의 평상 생활을 영위하는 것이다. 우리는 언젠가는 죽는다. 만약 삶의 마지막에 엄청난 후회를 하며 세상을 떠난다면 죽음이 준비되지 않은 상태에서 비참함에 빠질 가능성이 높다.

이상의 언급한 내용들은 많은 사람들이 유서를

통해 공통적으로 후회하는 부분을 바탕으로, 삶
의 후회를 줄이기 위한 방법을 정리한 것이다.

2. 임종 노트를 써보고 싶어도 방법을
모르는 사람들을 위해 꼭 포함되어야
할 사항을 간단히 설명한다면?

임종 노트에는 현실적인 내용과 함께 자신이 사
랑하는 사람들에게 남길 이야기가 포함되는 것이
좋다. 우선 자신의 장례에 대한 내용, 즉 원하는
장례 방식이 있다면 이를 기록한다.

종교가 있을 경우 그에 맞춰 쓰고, 매장 또는
화장 등의 방식 또한 자세하게 기술하는 것이 남
은 사람들의 고민을 덜어준다. 또한 자신의 죽음
을 알리고 싶은 사람을 쓴다.

현실적으로 사망 후 가장 문제가 되는 것은 유산
이다. 돈과 물품이 어디에 있는지, 통장이 있다면

비밀번호가 무엇인지 등과 함께 재산의 분배에 대한 사항을 자세하게 기록해야 한다. 이때 법적 효력을 가지는 유서의 형식으로 쓰는 것도 중요하다.

또한 빌려주거나 빌린 돈이 있다면 사망 후 유산과 관련된 복잡한 법적 문제가 생기지 않도록 깔끔히 정리하는 것도 필요하다.

마지막으로 임종 노트에 포함되어야 할 가장 중요한 사항은 남은 사람에게 전하고 싶은 자신의 이야기다. 자신이 살아온 인생을 전하고 싶거나, 남은 가족들에게 인생에 필요한 이야기를 들려주고 싶다면 그것을 자세히 기록하도록 한다. 이를 통해 나를 기억해주고 나의 인생을 이해해줄 수 있다.

앞서 이야기했듯이 소설 『관촌수필』의 이문구 작가는 암 말기 진단 후 혼수상태가 되거든 절대 연장하지 말고 화장 후 보령 관촌에 뿌리라거나 문학상은 만들지 마라는 등의 현실적인 내용과 함께 마지막으로 "이 세상 여한 없이 살다 간다"는 짧지만 강렬한 유언을 남겼다.

3. '품위 있는 죽음'을 스스로 정의한 다면?

품위 있는 죽음이란 죽음이 두렵지 않은 상태의 죽음이라고 생각한다. 죽음은 생명체의 필연적 과정이다. 사실 철학, 과학, 종교는 죽음에 대해 각기 다른 해석을 내놓고 있지만 죽음의 본질은 생명체의 소멸이다. 그러므로 모든 생명체는 소멸한다는 사실을 인식하는 것이 죽음에 대한 두려움을 떨칠 수 있는 유일한 방법이라고 본다.

그런 후 대척점에 있는 삶을 치열하게 끌어안은 인생을 산다면, 그러한 사람에게 품위 있는 죽음이 가능하다고 본다. 그러한 사람만이 삶의 마지막 과정에서 자신이 존엄하게 어떤 방식으로 사망할지 고민하고 준비할 수 있으며, 자신만의 내러티브로 인생이라는 마지막 장을 서술할 수 있다고 생각한다.

죽음의 과정은 사람마다 다르다. 그러나 늘 죽음을 인식하고, 그에 따라 유한한 삶에 감사하며,

자신과 주변 사람을 사랑하는 사람은 마지막 죽음의 과정에서 선택할 여유를 갖게 된다. 이러한 죽음이 곧 품위 있는 죽음이 아닐까.

우리 모두 죽음이라는 주제에 대해 두려워하지 말고 오히려 이에 대해 깊게 생각하며, 지금 사유하고 있는 나의 삶에 감사하며 살기를 바란다.

비록 무겁고 어려운 주제를 다뤘지만 독자들께 재미있게 읽히는 책이었기를 바란다. 되도록 법의학과 관련된 죽음에 대해 쉽게 쓰려고 한 의도 또한 잘 전달되었기를 기대해 본다.

이 책에서 법의학이라는 학문 그 자체에 대해 자세히 기술하지는 않았다. 이에 책을 읽고 난 후 죽음과 관련된 보다 자세한 내용을 추가적으로 알고 싶거나 법의학에 대한 호기심이 생겨 이를 충족하고자 하는 독자들이 있을지도 모르겠다.

이 경우 조금의 농담을 섞어 서울대학교에 입학해 직접

'죽음의 과학적 이해' 강의를 들어주시라 말하고 싶다. 그러나 물론 상황이 여의치 않는 경우가 대부분일 것이다. 이에 두 번째 책을 집필하기까지는 시중에 발간된 적지만 좋은 법의학이나 죽음학 관련 책, 관련 강좌를 찾아보고 공부하는 것을 추천해드린다.

사실 죽음이라는 명제에 대해 늘 찾아 헤매는 것이 이상해 보일 수도 있지만 죽음에 대한 깊은 이해가 동반되어야 비로소 삶의 소중함과 통찰 또한 얻을 수 있기 마련이다. 죽음에 대한 공부야말로 삶에서 가장 가치 있는 배움인 것이다. 앞으로도 강의와 책으로 다시 만날 기회를 기다려본다.

참고문헌

1. 통계청 2017년 사망원인통계
    http://kostat.go.kr/portal/korea/kor_nw/1/1/index.board?bmode=read&bSe
    q=&aSeq=370710&pageNo=1&rowNum=10&navCount=10&currPg=&sTar
    get=title&sTxt=%EC%82%AC%EB%A7%9D%EC%9B%90%EC%9D%B8

2. 대법원 2006. 3. 10., 선고, 2005다49713, 판결.
    http://www.law.go.kr/LSW/precInfoP.do?mode=0&evtNo=2005%EB%8B
    %A449713

3. Yoon-seong Lee. "Euthanasia: a misunderstood term", J
    Korean Med Assoc, 2012, 55(12), pp.1163-1170.
    https://synapse.koreamed.org/Synapse/Data/PDFData/0119JKMA/jkma-55-
    1163.pdf

4. Seong Ho Yoo. and others. "Characteristics of sauna deaths
    in Korea in relation to different blood alcohol concentrations",
    Forensic Science, Medicine and Pathology, 2018, 14(3),
    pp.307-313.
    https://link.springer.com/article/10.1007%2Fs12024-018-9993-7

5. Seong Ho Yoo. and others. "Retrospective Genetic Analysis of 200 Cases of Sudden Infant Death Syndrome and Its Relationship with Long QT Syndrome in Korea", Journal of Korean medical science, 2018, 33(32), e200.
    https://www.jkms.org/Synapse/Data/PDFData/0063JKMS/jkms-33-e200.pdf

6. 전혜란, 제갈수만, "십자가 시신 사건 전문가들 '자살은 불가능'", 《뉴시스》, 2011.5.4.
    http://www.newsis.com/view/?id=NISX20110504_0008111823

7. 보건복지부 2013년 자살실태조사
    http://kosis.kr/statHtml/statHtml.do?orgId=117&tblId=DT_11794N_607&conn_path=I2

8. 유성호 외 5인, "자살 유서를 통한 자살 사망자의 심리상태에 대한 질적 연구", The Korean journal of legal medicine, 2014, 38(4), pp.155 – 166.
    https://www.synapse.koreamed.org/Synapse/Data/PDFData/2018KJLM/kjlm-38-155.pdf

9. 최정수 외 5인, "호스피스 완화의료 활성화 방안", 한국보건사회연구원, 2015